E 学习——
互联网时代培训新攻略

王建华 著

机械工业出版社

本书是对互联网时代企业培训新模式和新方法的探索。本书首先介绍了互联网时代企业培训发展的新趋势，然后从商业模式、思维和技术层面对培训新方法进行探讨。在商业模式层面，介绍了企业大学顶层设计的新模式；在思维层面，介绍了文化课程生动化、学习项目品牌化、课程产品化、知识趣味化、课堂生态化、培训机制游戏化等培训新思维和新方法；在技术层面，介绍了O2O混合式培训、M-learning微课制作、知识萃取技术等培训新技术。

本书可作为培训管理者、培训师学习培训理念与方法的工具书，也可以作为企业家、创业者、企业HR或部门领导了解人才发展新理念与新模式的参考书，还可以作为对培训新理念、新模式和新方法感兴趣的读者的入门参考书。

图书在版编目（CIP）数据

E学习：互联网时代培训新攻略/王建华著. —北京：机械工业出版社，2019.6
ISBN 978-7-111-63220-7

Ⅰ. ①E… Ⅱ. ①王… Ⅲ. ①互联网络－应用－企业管理－职工培训 Ⅳ. ①F272.921-39

中国版本图书馆CIP数据核字（2019）第137346号

机械工业出版社（北京市百万庄大街22号　邮政编码100037）
策划编辑：杨　源　　责任编辑：杨　源　李培培
责任校对：张艳霞　　责任印制：张　博

三河市国英印务有限公司印刷

2019年8月第1版·第1次印刷
169mm×239mm·14.75印张·186千字
0001—2500册
标准书号：ISBN 978-7-111-63220-7
定价：59.80元

电话服务　　　　　　　　　　网络服务
客服电话：010-88361066　　机 工 官 网：www.cmpbook.com
　　　　　010-88379833　　机 工 官 博：weibo.com/cmp1952
　　　　　010-68326294　　金 书 网：www.golden-book.com
封底无防伪标均为盗版　　　　机工教育服务网：www.cmpedu.com

序1 培训是企业永远的生产力

中国改革开放几十年，机会爆发、商机涌动，行动力强者胜。但大多数人只是对新战略、新机会比较重视，身体和精神都忙于抓机会、谋扩张，很少有企业重视内部培训与人才发展。然而，现在的经营环境已经发生了巨大变化，很多行业已经从"需求短缺"进入了"饱和攻击"阶段。短缺时代的特征是大家都有一碗饭吃，只是分得多寡而已。而饱和时代的特征是竞争升级、"护城河"拓宽和"剩者为王"，这个阶段博弈下来，会有一大批企业被淘汰。

有些企业主动把产品价格降低到微利区间，这是为何？他们是在挖"护城河"，他们把利润降到一个合理水平，通过"资金+规模"构筑"护城河"，没有资金不要进来，没有规模不要闯入，没有资金就不能上规模，没有规模就没有利润，让新企业不敢轻易踏进自己的领地。不断升级的外部竞争，让蓝海显得越来越渺茫，机会驱动的经营模式已渐显颓势。同时，新浪潮科技以迅雷不及掩耳之势席卷而来。借着互联网的东风，各行各业出现了"跨界打劫者"。作为企业的掌舵人，我们不害怕竞争，但互联网时代，我们可能连竞争对手是谁都不知道，这让本已变幻莫测的环境增加了更大的不确定性。

在充满不确定性的环境里，一切都在急剧变化。技术会被迭代、产品会被模仿、渠道会被掠夺、模式会被颠覆。然而，什么才是企业永恒不变的生产力？我的答案是培训！在养殖行业量价齐跌，饲料销售竞争趋于白热化，非洲猪瘟肆虐，养猪场纷纷关门退场，整个行业低迷不振之际，播恩生物技术股份有限公司（以下简称播恩）饲料依然保持逆势增长。这一切归功于播恩人扎扎实实的内功修炼——培训与人才发展。很多企业在经营良好时才重视培训，而在遭遇瓶颈时，首先就是缩减培训预算，我认为这种做法是"舍本逐末"的。越是艰难时，企业越是要激发出团队昂扬的斗志，越要重视内部管理和人才发展。

从 2014 年开始，播恩就开始大力地推行"营长训练营"项目，不断地孵化出合格的区域经理，夯实播恩的中层干部梯队。整个项目的思路是选取两个样板市场，萃取出一套独创的播恩营销模式——价值营销，然后进行全国市场的推广。建华正是整个项目的负责人，他带领项目组驻扎在广东茂名市场半年，萃取出一套标准化营销模式，形成 1 本手册、10 个课程和若干工具表格。然后开展"营长训练营"，进行全国化复制。"营长训练营"培训项目一直坚持到现在，孵化出了很多优秀的中层干部，为播恩未来发展打下了坚实的基础。

面对瞬息万变的外部环境，我们根本不知道未来会发生什么。企业的战略地图不再是规划出来的，而是由团队双手绘制、双脚实践出来的。我们拥有什么样的团队，才能干成什么样的事情。我们要清醒地认识到：业绩的增长来自于正确的战略和高效的执行。其中三分战略、七分执行，伟大的战略，终究需要高效执行的团队才能落地、才能产生绩效。当外部环境越来越充满不确定性、越来越充满迷惑和陷阱时，当长期依赖的外部资源优势逐渐消失时，或许我们可以将目光转向内部，向管理要效益。

不管外部环境如何变化，我们只需明白一点，所有的事都是人想出来、干出来的。企业只要整合了优秀的团队，赢得未来就有了很大胜算。

序1　培训是企业永远的生产力

越来越多的公司认识到这一点，他们纷纷创办开放式的企业大学，构建社群联盟，整合人才及项目资源，例如，腾讯的青腾大学、京东的众创学院等。播恩也顺势而为，成立了播恩大学，依靠播恩的技术优势，推出了"播恩养猪法"，对客户及合作伙伴开展海外游学培训班。互联网时代，培训已经由"后台"走向"前台"，由"封闭"走向"开放"，由"管理"走向"经营"。关于这一点，相信在这本书中，你会有更多的收获。

培训是企业永远的生产力！当商业机会的浪潮退去的时候，我们就能发现谁是珍珠、谁是泥沙。面对充满不确定性的世界，我们要学习曾国藩"结硬寨，打呆仗"的精神。不贪功、不求巧，扎扎实实地做好内部人才梯队建设与管理，才能内圣外王，才能在狂风骤雨中毅然挺立、逆风翻盘！

邹新华

《价值营销》作者

播恩创始人兼董事长

序2　每个企业都是一所大学

互联网正在深远地影响着我们的工作和生活方式。随着 X2C 互联网市场日益饱和，X2B 互联网正进入一个高速增长的阶段。甚至在众多资本和媒体的追捧下，2015 年被业界称为中国 SaaS（Software as a Service，软件即服务）的元年。X2B 互联网，也就是用互联网技术来为企业服务，实现企业数字化转型。未来的企业都是数字化企业，如同现今的企业大都有自己的网站、公众号一样，未来的企业在数字空间都会有一个自己的完整镜像，各种业务均会数字化，包括组织的培训数据、人员的学习数据等。

日益攀升的人力成本，要求企业不断地提升运营效率，包括培训效率，online 培训恰好能较好地满足企业培训效率提升的需求。同时，随着技术的发展，引进 online 培训的硬件和软件成本越来越低，让越来越多的企业接入 online 学习平台成为现实。我相信，未来每个企业都将会有自己的在线学习平台，每个企业都将是一所"大学"。然而，技术和工具不会自动发挥作用，要想真正地做好企业 online 学习平台，企业的思想观念、运营方法和行动策略都是至关重要的。道以明向，法以立本，术以立策，器以成事，"器"只有在"道、法、术"层面都有对应的定位，才能发挥效用。

然而，市面上很多书籍都局限于"器"，大多数都是在技术和工具层面讲培训创新，很少从模式、思维和技术层面系统地讲互联网时代培训的新模式和新方法。所以，非常荣幸在这个时间点读到王建华老师的这本书，他以自己多年在培训咨询和互联网行业中的实践经验，从"道、法、术、器"各层面对互联网时代的培训创新进行了探讨，并给出了很多可落地执行的方法。对想快速了解和实施企业培训新模式的管理人员和行业人士来说，是一本非常适时又值得反复参阅的工具书。

在"道"的层面，互联网时代的企业培训已经逐渐从"管理"走向了"经营"，从"内部"走向了"外部"，从"成本中心"走向了"利润中心"。这本书谈到了企业大学顶层设计的新理念和新模式，企业大学逐渐被越来越多的企业赋予文化输出与人才整合的使命。抓住互联网时代消费者教育红利的机会窗口，企业大学不只面向内部员工，还面向外部消费者、渠道和合作伙伴等进行沟通和教育，统一思想、提升能力、构建生态，从而推动企业的业务增长和战略发展。

在"法"的层面，企业培训已经从"培训管理"走向了"人才发展"，培训管理者要从传统"培训调研、培训计划、培训组织和培训评估"的管理工作，转变到"提高、优化和设计员工的学习内容和学习方式，营造学习型文化和机制"上来。这本书里面讲述了学习项目品牌化、课堂生态化、促行式评估和培训机制游戏化等方式、方法，这些都是推动企业从"培训管理"到"人才发展"的有效方法。

在"术"的层面，我们需要更多地关注培训方式及内容的创新。互联网时代，有趣才是知识传播的正确方式。我们要让知识变得生动有趣、利于传播且容易落地，让用户积极参与到学习中，自己产生并传播内容，让适合企业自身特点的个性化知识萃取出来，形成整个内容的生态化。培训不再是"内容为王"，而是"平台为基，内容为本，运营为王"。这本书里面讲述了知识萃取、知识趣味化和课程产品化等方法和技巧，这些都是培训落地的重要手段。

在"器"的层面，互联网技术和工具可以让企业培训实现数字化转型。有了全员的学习数据，企业能够在人员的选、用、育、留的管理方面做到有的放矢。数字化的培训还能和业务管理相融合，使得培训成为业务增长的重要推手。这本书在工具层面讲述了 O2O 混合式培训、M-learning 微课制作等内容，纠正了企业在培训创新中的错误认知和做法。

本人一直从事企业培训数字化转型工作，自认为对"互联网时代企业培训创新"的认识已较为深刻，但读了王建华老师的这本书，仍觉得受益匪浅！合上书稿，感觉自己对互联网时代企业培训创新有了一个更加全面和深刻的认识。希望书中的经验和方法能够帮助到更多的企业家、管理者以及培训从业者，让忙碌变得更有效率。

魔学院院长　熊二博士

前　言

　　中国企业竞争发展的历史进程大致可以分为三个阶段：第一、商品短缺时期以生产制造为核心竞争力的阶段，这个阶段企业比拼的是产能，经营的核心在于新产品的开发；第二、商品丰富后以品牌营销为核心竞争力的阶段，这个阶段企业经营的核心是找到细分市场并进行差异化定位；第三、商品过剩时期以用户运营为核心竞争力的阶段，这个阶段企业比拼的是用户运营能力，比如，社群建设与运营的能力、将用户变成粉丝的能力等，当前大多数企业正处于从第二阶段向第三阶段转型的关口。

　　与企业竞争发展的三个阶段相对应，企业培训模式的发展也大致分为三个阶段：培训 1.0 阶段、培训 2.0 阶段和培训 3.0 阶段。培训 1.0 阶段是零散化的培训方式，企业根据突发问题设计培训主题和内容；培训 2.0 阶段是定制化的培训方式，企业根据培训对象的需求来设计培训主题和内容；培训 3.0 阶段则是数字化的培训方式，企业利用互联网新技术和新思维，对企业传统培训模式进行创新。在培训 3.0 阶段，企业培训从内部走向外部，从管理走向经营，逐渐成为用户运营的利器，具体见表 1。

表 1　企业培训发展阶段

发展阶段	培训 1.0 阶段	培训 2.0 阶段	培训 3.0 阶段
市场状况	短缺（供<求）	丰富（供=求）	过剩（供>求）
市场模式	B2B	B2C	C2B
核心竞争力	生产制造	品牌营销	用户运营
培训模式	零散化	定制化	数字化

本书是对培训 3.0 阶段企业培训新模式和新方法的探索，是笔者结合互联网思维和技术，对十余年培训经验和方法的总结。本书并非完全抛弃传统培训方法对互联网时代的培训模式进行天马行空的畅想，而是结合企业实践，进行可执行、可落地的理念和方法的创新。或许很多新理论已经到了 9 层、10 层的高度，而企业的实践仍旧停留在 1 层、2 层，企业真正需要的是从 1 层、2 层到 3 层、4 层的有效指引，本书算是起到一个抛砖引玉的作用。

"E"这个字母是互联网的意思（来自 Electronic 电子的首字母，逐渐被人们作为互联网的代表符号，如 E-mail、E-learning 等）。"E 学习"不只是在技术层面对企业学习方法的创新，还在互联网商业模式和互联网思维层面对培训新方法进行了探讨。在商业模式层面，本书介绍了企业大学顶层设计的新模式；在思维层面，本书介绍了文化课程生动化、学习项目品牌化、课程产品化、知识趣味化、课堂生态化、培训机制游戏化等培训新思维和新方法；在技术层面，本书介绍了 O2O 混合式培训、M-learning 微课制作、知识萃取技术等培训新技术。

本书可作为培训管理者、培训师学习培训理念与方法的工具书，也可以作为企业家、创业者、企业 HR 或部门领导了解人才发展新理念与新模式的参考书，还可以作为对培训新理念、新模式和新方法感兴趣的读者的入门参考书。

作者

目　录

序 1　培训是企业永远的生产力
序 2　每个企业都是一所大学
前言
第 1 章　互联网时代培训革命 ·· 1
　　从"围墙"到"磁场" ·· 4
　　从"种子"到"土壤" ·· 7
　　从"路路通"到"人人通" ·· 8
　　从"石墨"到"钻石" ··· 10
　　从"火车头"到"动车组" ··· 12
　　从"爬楼"到"造浪" ··· 13
　　从"搬运工"到"过滤器" ··· 15
　　从"碧螺春"到"二锅头" ··· 16
　　从"并列式"到"鱼骨式" ··· 18
　　从"内训师"到"落地师" ··· 19
　　从"考场"到"擂台" ··· 21
　　从"娱乐化"到"游戏化" ··· 23
第 2 章　企业大学顶层设计 ··· 25
　　没有顶层设计，就谈不上落地 ·· 25
　　企业大学经营转型：不在于"大"，而在于"强" ··················· 28

角色定位是企业大学的灵魂 ································· 32

　　整合者——雄狮 ··· 35

　　传播者——信鸽 ··· 38

　　建构者——工蚁 ··· 39

　　创变者——战狼 ··· 41

　　从 0 到 1 构建企业大学 ··································· 43

第 3 章　文化课程生动化 ·· 48

　　文化表达不"性感"，不如扔进"垃圾篓" ··················· 48

　　平庸者讲道理，高手都在说故事 ··························· 52

　　愿景故事的魔力 ··· 55

　　文化课不只是课，功夫在课外 ····························· 57

　　多少好课程，输在了没有仪式感 ··························· 58

第 4 章　学习项目品牌化 ·· 62

　　从培训管理到培训经营 ···································· 62

　　超级名称和符号 ··· 64

　　一句直抵人心的 Slogan ···································· 68

　　爆款设计：痛点、尖叫点和引爆点 ························ 71

　　痛点：学员不痛，培训无用 ······························· 73

　　尖叫点：针尖捅破天 ······································ 74

　　引爆点：水烧到 99℃也无法沸腾 ·························· 76

第 5 章　O2O 混合式培训 ·· 79

　　Online 培训，并不是把传统线下课程搬到线上 ············· 79

　　O2O（线下线上）混合式培训 ······························ 83

新员工入职培训，如何进行 O2O 混合式培训 ················ 87
Online 功能不在多，而在简便易行 ·························· 93
Online 还是 Offline，你需要分析这 4 点 ··················· 95

第 6 章　M-learning 微课·····98

微课，不只是时间短的课 ······································ 98
制作微课的 6 个误区 ··· 101
做微课，就像做产品说明书 ································· 102
M-learning 微课不只是课，它更像一场微电影 ········· 105
微课标题取不好，内容好也枉然 ··························· 108
金字塔：微课内容的结构设计 ······························ 112

第 7 章　课程产品化·····115

课程是产品，学员是用户 ···································· 115
人才盘点：从"关注课程"到"关注学员" ················ 118
培训需求要洞察，不要调查 ································· 122
个人价值与组织价值，该如何选择 ························ 124
持续迭代：课程生命周期管理 ······························ 126

第 8 章　萃取技术·····128

知识萃取师应该具备的 4 项技能 ·························· 128
经验萃取"三板斧" ·· 130
锚定"甜蜜点" ··· 134
询问故事，而不是答案 ······································ 136
为什么你的赞美会变成"自嗨" ····························· 140
让知识拥有结构美 ·· 141

第9章 知识趣味化 · 145

有趣：知识传播的正确方式 · 145

知识传递也是一种艺术 · 148

反惯性思维 · 153

口诀：让一切变得可执行 · 155

提炼知识模型，让经验变得易传播 · 157

第10章 课堂生态化 · 159

学习者主权时代的创新型课堂 · 159

连接从破冰开始 · 161

六上墙：可视化展示 · 163

读书会，不只是读书这么简单 · 165

翻转课堂：以"师者心态"去学习 · 168

第11章 落地师 · 170

什么是落地师 · 170

讲课结束不是终点，而是始点 · 173

工作即学习 · 175

刻意训练 · 179

带教技能 · 181

认证结果，而非技能 · 185

落地委员会 · 188

落地师项目流程 · 189

第12章 促行式评估 · 192

促行式评估：跨越知行鸿沟 · 192

引导学员的行为转变 ·· 196
以赛促学：从考场到擂台 ·· 197
神秘客：让评估拥有行动势能 ······································· 199
数字化思维：培训落地的关键技能 ·································· 202

第 13 章　培训机制游戏化 ·· 207
游戏化不等于娱乐化 ·· 207
游戏化培训设计 4 步曲 ··· 209
学习积分制度 ··· 211
赫基学院：利用 T-Coin 闯关打怪 ·································· 212
增量激励思维 ··· 214

参考文献 ··· 218

第 1 章　互联网时代培训革命

如果回到清朝末年，你一定会发现有很多人在苦练射箭，因为他们认为这样的技能可以帮助他们在未来博取功名，但他们可能没有想到，仅仅在几十年后，弓箭就逐渐退出了军事舞台。作为企业培训从业者，或许正在面临相似的命运。我们曾经引以为傲的培训方法和经验，正在迅速地过时或失去实际效用，而一些创新的、不起眼的事物，又不知为何，忽然之间大红大紫。社会心理学家认为，当下新技术的发展速度，远远超过了社会人文的发展速度，导致人们的人文观念、价值观和行为方式在新技术的革命浪潮中无所适从，过去很多被证明行之有效的范式和秩序正在被颠覆。

革新的风暴已汹涌而至，但我们却视而不见！我们一方面抱怨"培训没有效果，不落地"，一方面又在重复过去的经验和方法。我们大多数人都在勤奋而忙碌地"埋头拉车"，却从未真正地"抬头看路"。要知道，被大家广泛推广和使用的"柯氏四级培训评估"是柯克帕特里克于 1959 年提出的，至今已有 60 年的历史，其研究的都是工业化时代成功的企业样本，比如，已经淡出人们视线的摩托罗拉和诺基亚。面对互联网时代的新环境、新物种和新人群，能否完全适用或有效，就要打上大大的问号了。我去过很多企业调研，发现能把这个理论完全落地的企业屈指可数，而这仅仅是理论与实践鸿沟的冰山一角。

很多高深的理论已经在学术"自嗨"中走到了9层、10层，而企业的落地实践却还停留在1层、2层，企业真正缺乏的是从1、2层到3、4层的有效指引。"E学习"正是在互联网技术发展的趋势下，对企业培训有效方法的探索，互联网时代的培训革命如图1-1所示。它并不是指传统的E-learning，也不是简单地从Offline（线下）到Online（线上）的课程搬家，这些都只是把互联网当作工具。我认为互联网带给传统培训的不单单是技术层面的创新，而且是商业模式和思维层面的变革。在商业模式层面，很多互联网巨头已经将培训作为文化输出、资源整合和生态构建的"抓手"。比如，腾讯的青腾大学、京东的众创学院，它们已不再只是着眼内部人才的培养，而是对外进行价值观输出，"跑马圈地"地整合人才与项目资源，把培训从企业管理层面上升到了企业经营与战略层面。

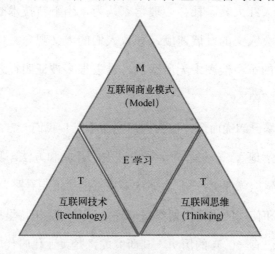

图1-1　互联网时代的培训革命

第1章 互联网时代培训革命

除了在商业模式层面的创新，在思维层面，我们也必须拥抱互联网思维。互联网思维的精髓可以总结为：用户思维、简约思维、极致思维、迭代思维、流量思维、社会化思维、大数据思维、平台思维、跨界思维和产品思维。例如，用户思维是指培训内容要从"以讲师为中心"向"以学员为中心"转变；迭代思维是指随着技术的发展，企业的知识和经验每年都在老化，我们要通过知识萃取技术不断更新与迭代企业的知识价值链；产品思维是指课程是产品，学员是产品的消费者，培训师是产品的生产者，以消费者的价值为导向，才能打造出爆款等。孙中山先生曾说："世界潮流，浩浩荡荡，顺之则昌，逆之则亡。"一切故步自封、拒绝新思维的培训方式，都将被扔进历史的垃圾桶。我们唯有不断创新，并且主动拥抱新趋势才能不被淘汰。

在技术层面，网易公开课、微信订阅号、得到APP、喜马拉雅、抖音、微吼直播、千聊、微吐课和培训宝等，一系列互联网学习工具走进了人们的视野。人们获取知识越来越便捷，获取知识的效率越来越高，而获取知识的成本则越来越低。通过互联网工具，可以让分布在全球各地的几十万人同时收听一个课程的直播，这些都是新技术带来的效率提升，带给我们的福利。

企业培训的趋势变化与应对攻略见表1-1。

表1-1 企业培训的趋势变化与应对攻略

项目	趋势变化		E学习	
	工业化时代	互联网时代	攻略	内容
战略层面	围墙	磁场	无界链接	企业大学顶层设计
文化层面	种子	土壤	文化制胜	文化课程生动化
传播层面	路路通	人人通	培训经营	学习项目品牌化
技术层面	石墨	钻石	线下线上	O2O混合式培训

（续）

项目	趋势变化		E学习	
	工业化时代	互联网时代	攻略	内容
课程层面	火车头	动车组	碎片学习	M-learning 微课
	爬楼	造浪	知识迭代	课程产品化
	搬运工	过滤器	经验萃取	萃取技术
	碧螺春	二锅头	趣味开发	知识趣味化
	并列式	鱼骨式	构建生态	课堂生态化
师资层面	内训师	落地师	知行合一	落地师
评估层面	考场	擂台	以赛促学	促行式评估
制度层面	娱乐化	游戏化	闯关机制	培训机制游戏化

从"围墙"到"磁场"

工业化时代，我们处在一个信息不对称的商业世界。行业边界相对清晰，企业在相对固定的圈子里开展业务。互联网技术打破了行业的藩篱，就像防卫的"围墙"被拆除，"跨界打劫者"拔地而起，技术和资本为"跨界打劫"提供了实现手段，"草根逆袭"成了万众欢呼的佳话。为了快速应对外部环境的变化，企业被迫把自己变得更轻更快。企业所需要的能力将不是长期恒定的，有时候需要很快拥有（如某些专业技术），否则就跟不上市场变化；有时候又需要很快减除某些配置，比如，企业以前有自己的车队，后来改为外包，不需要自己招聘司机和维护车辆。

在电影《奇异博士》中，有一句台词 "You must control it by surrendering controlling"，意思大致是说"通过放弃控制，来获取控制。"现代组织的边界会变得越来越模糊，企业与上下游之间、企业与客户之间、企业

第1章 互联网时代培训革命

与生态之间会有更多开放性的合作。到底谁是我们的人？谁又不是？这很难断定，因为时常在变化。"不求所有，但求所用"，资源是否"为己所有"已经不那么重要了，关键能否"为己所用"。如果企业还是用"围墙"式思维来控制组织，恐怕将越来越难，特别是企业面对一群价值观多元化的新生代员工，他们更注重自由、个性与自我实现。未来我们必须丢弃"围墙"式的思维，以包容和开放的心态重构具有吸引力的"磁场"式组织关系，如图1-2所示。小米科技有限责任公司（以下简称小米）比较早就明白了这一点：它把产品开放出去，让用户参与研发，几十万粉丝参与手机操作系统的开发和改进，"米粉"帮助小米翻译了28个国家的语言版本。

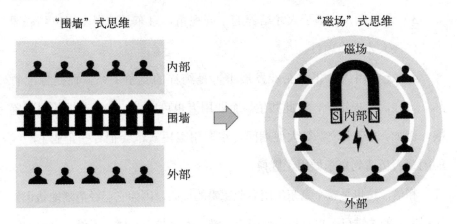

图1-2 "围墙"与"磁场"

从"围墙"到"磁场"，未来的企业将会从孤立的个体变成联盟与共生的生态关系，而企业大学越来越被企业赋予"联盟与整合"的使命。纵观国内，互联网巨头们的企业大学，例如，腾讯的青腾大学、京东的众创学院，纷纷对外整合人才、项目与资源。这种创新型的企业大学不是传统意义上的内部培训体系的升级，而是一种基于业务与人才发展互动的商业模式的创新，它不只是针对内部员工，而且是站在行业思想的制高点，对合作伙伴、人才、消费者进行整合的"磁场"模式。比如，京东大学[一]打造"无界"战略，发起人才联盟项目，旨在打造人才的选、用、育、留等闭环。

1）无界选人。跟许多企业做联合校招，在校园里找到适合企业的人才，同样这个人才的信息可以存储起来，做他整个职业生涯的跟踪。

2）无界学习。京东大学开放京东所有的内容共享给京东的生态伙伴，比如，沃尔玛、联合利华或者宝洁等企业，因为很多新的业务需要传统的经验和知识的加入。

3）无界育人。基于人才培养的不同视角，京东开放很多岗位和联盟的伙伴做人才轮岗项目。

4）无界用人。未来企业发展不再是纯粹的竞争关系，而是像"竹林"一样，盘根错节，彼此共生。企业用人也可以做一些季节性的用工置换，例如，"双十一"等大促期间，京东用工短缺，会把有些企业生产线的闲置人员请到京东做用工置换。

相信，这也是整个京东集团商业逻辑的核心，因为它已经清晰地认识到赢得未来的关键已不再是打击或消灭了谁，而是拉近和联合了谁。企业大学逐渐由过去"围墙"式的人才培养思维，转变为以文化与技术为输出，打破组织边界的"磁场"式人才整合思维，当无边界状态成为一种新的组织常态后，企业也将从过去封闭的产业价值链走向相互融合的产业生态圈。

[一] 此处的京东大学不同于京东众创学院，京东大学是京东针对企业内部的人才培养设立的企业大学，京东众创学院是京东对外设立的人才培养机构。

从"种子"到"土壤"

组织成长就好比"种子"(员工)在"土壤"(企业文化和机制)里生根、发芽和结果。在外部环境相对固定,工作内容标准化的工业化时代,我们更多地关注"种子",而很少关注"土壤"。"种子"不生根、发芽,就立刻更换"种子",因为社会在给我们源源不断地输送"种子",比如,工厂需要数控人员,各大高校的理工学院都在为你培养。然而,在互联网时代,技术更新和趋势变化的速度超乎了人们的想象。当企业需求"微营销员"时,各大高校还在大批量"生产"传统营销员。越来越多的传统岗位消失,越来越多的未知领域和新兴岗位诞生,找到合适的"种子"将变得越来越困难。企业不得不将目光从"种子"移向"土壤",开始关注企业人才发展的文化和机制。很多问题从表面看是"种子"(员工能力)的问题,而实际上是"土壤"的问题(企业文化和机制)。从关注"种子"到关注"土壤",我们要致力于营造一个良好的学习氛围,这就要求我们从过去的"培训管理"转变到"人才发展"的思维,如图1-3所示。

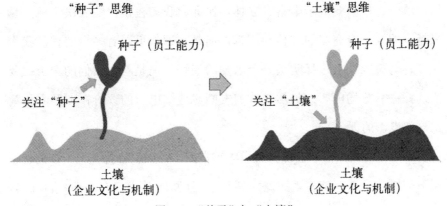

图1-3 "种子"与"土壤"

美国培训与发展协会（ASTD）已宣布更名为人才发展协会（ATD）。首席执行官 Tony Bingham 解释说，培训与发展领域已经发生了翻天覆地的变化，其核心内容已经扩展到将人才发展、学习与绩效相关联。协会更名昭示着培训向人才发展转型的全球趋势。从"培训管理"到"人才发展"，培训管理者要从传统"培训调研、培训计划、培训组织和培训评估"的管理工作，转变到"提高、优化和设计员工的学习内容和学习方式，营造学习型文化和机制"上来。这对于很多习惯了从事行政性事物的培训管理者来说，将会是一项能力的挑战。

从"路路通"到"人人通"

工业化时代，没有互联网带来的连接效应，用户无法组织起来，信息不对称。用户对于产品或事物的认知，来自于渠道和媒体的宣传。然而，互联网改变了人与人之间的连接方式，一个手机可以让人们快速建立连接，人与人之间形成社群和联盟。用户开始相信社群成员间的口碑和评价，而不再单纯相信商家、渠道和媒体的宣传，人们对于事物的认知由单一、单向变成了丰富、立体。比如，我们在做出购买决定前，越来越少的人去看商家的宣传和广告，而是在评价里看有多少差评；我们在"喜马拉雅"上选择购买一个老师的课程，也是看学员们的评价；我们选择去看一场电影，仍然是看朋友圈对这部电影的评价，或是看豆瓣上这部电影的评分。

工业化时代，信息被媒体渠道牢牢掌控，得渠道者得天下，谁拥有了渠道与媒体，谁就能实现"路路通"。而互联网时代，人人都是自媒体，

第1章 互联网时代培训革命

"路路通"模式将变成"人人通"模式,好口碑的产品将不再受制于渠道和媒体,如图1-4所示。移动互联网时代,渠道为王变成了口碑为王,没有口碑的产品将淡出人们的视线。

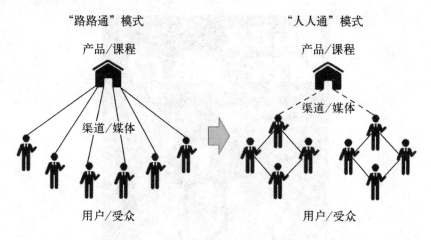

图1-4 "路路通"与"人人通"

未来,我们的培训要从"管理思维"转变到"经营思维"。何谓经营思维?就是要有"市场化"和"投入产出"思维,要有"经营培训项目品牌和口碑"的意识。培训不再是"强迫",而是"吸引",把培训学员当作用户,通过有价值的学习项目输出,经营用户、经营粉丝和经营口碑等。比如,京东大学推出"我和东哥做校友""京东TALK""京东TV";华夏幸福大学推出"常青藤精英培养计划";创维学院推出"巨龙计划""腾龙计划""潜龙计划""鲤鱼计划"等。

我曾和贵州微商创业学院发起过一个读书会项目,邀请书籍作者通过微信群分享内容。这个学习项目是经营学习项目品牌和口碑的思路。我们设计了一句"你有多久没读完一本书了?"的广告语,并制作了一幅标识性海报图片,如图1-5所示。这幅图片带着读书会的申请报名二维码,就像"病毒"一样在贵州本地的媒体圈、大学生社群、兼职白领之间相互传播。最后,报名人数突破了我们的预期。我们新建了50多个微信群,每个微信群人数都在300人以上。读书活动实现了1万多人的同步收听。

图1-5 读书会海报

从"石墨"到"钻石"

互联网的本质是"连接",任何人、任何物、任何时间、任何地点,永远在线随时互动。"连接"带来了什么变化?"连接"会带来我们商业体系和管理体系的结构重塑。比如,工业化时代,产品的流转结构为"工厂—品牌商—经销商—门店—消费者",而互联网时代,很多产品的流转变成了"工厂—网络商城—消费者"。这种结构的变化,会产生新的价值,就像"石墨"与"钻石",同样都是碳元素组成,但石墨是单一的平面结构,而钻石是立体结构,结果价值天壤之别,石墨用于做铅笔笔芯,而钻石却是宝石之王,如图1-6所示。

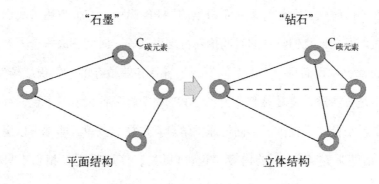

图1-6 "石墨"与"钻石"

互联网的连接效应带给学习的变化是提升了我们获取知识的效率。一部手机就是一所大学,通过一部手机(只要能上网),我们就可以坐在乡村的田埂上与哈佛商学院的高才生一起听课。

互联网催生了一种全新的培训结构——O2O混合式培训(线下线上混合式培训)。有些企业把互联网当作工具,线下培训的时候,将课程拍摄下来,然后传到E-learning平台上,这不是真正意义上的O2O混合式培训。这种简单地把线下课程搬到线上的E-learning模式必定要以失败而告终,因为它并没有根据线上和线下各自的优势和短板进行功能性定位与结构组合,而是简单地复制。线上的特点是效率更高——不受时间、距离、人数规模的限制等;而线下也有其不可替代的优势,比如,可以进行个性化的魔鬼训练,这对于线上来说就很麻烦,而这种强化训练又恰恰是培训效果落地必不可少的关键环节。O2O 混合式培训就是将线上和线下各自的优势进行互补组合的混合式培训。

从"火车头"到"动车组"

互联网时代，我们每天被手机里的 APP 吸引，它们占用了我们大量的时间，而且把我们整块的时间抢夺得支离破碎。时间变成每个人越来越稀缺的资源，我们每个人的时间变成了各行各业抢夺的"终极战场"。不知道你是否注意，喜马拉雅、得到 APP 和千聊等各大学习平台，特别是音频学习平台，都提供了不同倍速供学习者选择的按钮。即你可以用正常的 1 倍速听完 20min 的内容，也可以用 2 倍速听完（相当于只需要 10min），还有 3 倍速等。互联网时代的培训就是要高效，在最短的时间把知识和信息传达完。因为在互联网的世界里，用户的时间都是碎片化的，我们所要做的就是抓住碎片化的时间缝隙，微课恰恰成了切入用户碎片化时间缝隙的胜出者。

传统的大课模式就像"火车头"，火车跑得快，全靠车头带。内容宽泛、时间长、灵活度低、针对性差和操作复杂的特点使其显得极其笨重。而微课以集中解决某个问题为主要目标，短小精悍、针对性强、灵活度高，它像"动车组"，每一节车厢都有动力装置，更轻、更快、更便捷，越来越受企业和学员欢迎，如图 1-7 所示。比如，腾讯学院[一]对其 2600 多门网络课程按照"短、平、快"的思路进行设置，把课程组编成不同的小

[一] 此处的腾讯学院不同于腾讯的青腾大学，腾讯学院是腾讯对企业内部的人才培养设立的企业大学，青腾大学是腾讯对外设立的人才培养机构。

话题，每个话题时间在 5min 以内，提升日常学习的效率。

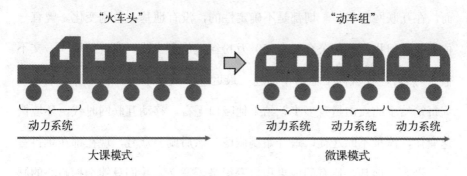

图 1-7 "火车头"和"动车组"

微课内容短小精悍，通常为讲清楚一个知识点或解决一个问题。在形式上多利用互联网工具，学员通过移动端学习。培训内容声画同步，有趣且吸引人。我们要传授一个小知识、介绍一个方法、解决一个小问题、分享一个小经验、宣传一个政策、说明一个道理等，都可以通过微课的形式来实现。我在给某医院护理部做礼仪培训时，将礼仪的基本动作——"塑形整理、微笑点头、行立转体、鞠躬示意、握手致礼、蹲姿接递、介绍导示、助臂引领"等编成了一套礼仪操，并挑选形象较好的护士作为示范，把这套礼仪操拍摄成 5min 的教学视频在全医院推广，这就是一种高效的微课模式。

从"爬楼"到"造浪"

工业化时代，外部环境的变化相对固定，地基坚实，不会轻易改变，历史积累的成果可以存储。比如，我们开发一个陌生的市场，第一年开发 50 个客户，第二年达到 200 个客户，第三年达到 500 个客户，开发成果的积累就像"爬楼"一样，前期的积累会成为迈上更高层级的阶梯。然而，在互联网时代，一切都是不确定性的，没有地基，急剧变化。曾有一位创业者问我，他的公众号有50万粉丝，值多少钱？我说可能"一文不值"。然后，我就问了他两个问题：最近一个月新增用户有多少？最近一周每篇帖子的点击量有多少？结果他哑口无言。移动互联网时代，环境快速变化，流量不断迁徙，最开始刷微博，然后刷公众号，现在都在玩抖音了。没有了地基，原有的成果积累变得毫无意义，我们只能把握趋势的脉搏，不断地"造浪"，如图1-8所示。

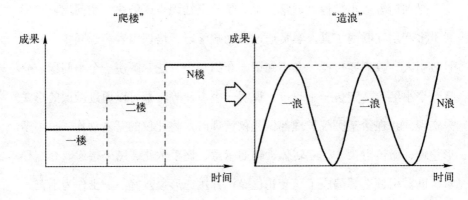

图1-8 "爬楼"与"造浪"

互联网时代，外部环境对企业内部的知识与经验的管理提出了更高的要求。在企业经营所需要的知识中，每年要老化30%，也就是有30%甚至更多的套路、手法和技术不能再进入价值链系统，否则，你的企业也将一并老化。我们必须不断地迭代知识的"内存卡"。过去基于岗位胜任力模型构建起的学习地图，就像一层一层垒起来的"知识大楼"，虽然知识体系很完备，但在没有地基的互联网时代，有可能瞬间坍塌。众所周知，摩托罗拉大学的培训体系是非常完备的，但是摩托罗拉却退出了中国市场。水上作战要求我们打破原有固化的"钢筋混凝土"结构，变成灵活机动的"皮划艇"结构。每个课程都不是固定不变的，每个课程都将像产品一样，拥有生命周期，它们也会经历"萌芽""成长""成熟""衰退"的过程。

从"搬运工"到"过滤器"

凯文·凯利说过，每一种充裕都将创造出一种新的匮乏，免费经济将派生出很多稀缺性。互联网给人们带来了获取知识的便利，但也让知识和信息"泛滥成灾"。很多人都在做着知识的"搬运工"，随处转发的信息、图片和"鸡汤"，让人们在信息的汪洋大海里被折腾得疲惫不堪。很多培训师也日复一日地做着知识搬运的工作，从西方管理学的书本上找到一些通用性的理论，到处"贩卖"，一招鲜吃遍天，靠着信息差行走江湖。但是，这种知识"搬运工"的模式，在互联网时代将渐显颓势。因为一部手机就是一所大学，这些通用性的理论，人们逐渐都能通过互联网了解到，信息差将逐渐被填平。

工业化时代，外部环境变化缓慢，企业内部的流程与制度相对固化，通用性知识的生命线较长，知识搬运存在一定的生存空间。互联网时代，快速变化的外部环境倒逼企业内部知识与经验价值链的迭代更新，通用性"搬运工"模式难以契合业务发展的实际需求。组织学习模式将从"搬运工"模式向"过滤器"模式转变，如图 1-9 所示。很多前沿的、有效的、成功的经验和方法藏在企业优秀员工的脑袋中，这些是企业的隐形资产。但这些知识和经验都是零散的，必须经过萃取提炼才能加以推广和使用。

"过滤器"模式,就是通过萃取技术将企业工作一线的最佳实践、优秀经验和成功案例进行萃取,并加以复制推广的培训模式。因为知识萃取紧跟一线前沿,并且贴合业务实际需求,所以越来越受到企业青睐。对于培训师来说,未来就需要增加知识萃取的新技能。

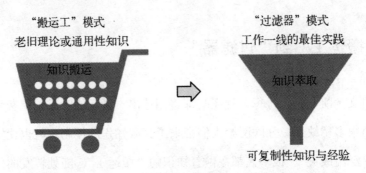

图 1-9 "搬运工"与"过滤器"

从"碧螺春"到"二锅头"

互联网时代,快节奏的生活方式让人们的注意力越来越成为稀缺品。在信息泛滥的互联网世界,如何吸引眼球?"二锅头"式的作品往往比"碧螺春"式的作品更有胜算。"二锅头"式的作品是指那种"强刺激"的,入口即让人有感觉,让人进入兴奋状态的作品,如电影《战狼》。"碧螺春"式的作品是指那种慢节奏的,需要耐心去慢慢品尝、细细体会的作品,如很多文艺片。在信息海洋中,人们注意力的选择往往会偏向于"二锅头",而非"碧螺春"。就好比看一场电影,一开始就要像"二锅头"一样带着劲,而且要持续带劲,而不能像"碧螺春"一样,需要耐心去慢慢品尝,如图1-10所示。

第 1 章 互联网时代培训革命

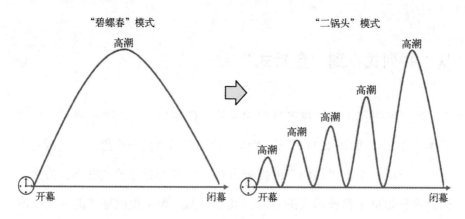

图 1-10 "碧螺春"与"二锅头"

在注意力稀缺的时代，培训要引起学员的兴趣，就要做成"二锅头"，而不是"碧螺春"，培训内容要能够激发学员的"荷尔蒙"。在互联网的世界里，"有趣"才是信息传播的正确方式。董明珠和雷军打赌 10 亿，两个人叫板得很激烈，谁对谁错不重要，关键是这个赌局引起了全国人民的关注，让小米和格力的销量蹭蹭上涨。未来一定是"有趣"打败"无趣"，如果李善长给朱元璋定的战略不是九字方针，而是长篇大论，那么是否还会让人们津津乐道呢？恐怕早被遗忘在历史的长河中了吧！

我曾给一家医疗机构下属医院的各科室主任做"角色认知"的培训，原本给这些专家教授讲课是非常难的。但是，我趣味性地把科室主任角色分成了 7 种类型：专家型（老鹰）、技术型（骆驼）、服务型（孔雀）、佛系型（鸽子）、管理型（猴子）、销售型（狐狸）、全能型（超人）。同时，为了形象生动，我把每种类型都以一种相似的动物及卡通形象来代表，并且描述每种类型的特征。我还设计了一套测试题，通过测试题来测试每个人属于哪种类型。这样一来，枯燥无趣的理论瞬间变得趣味十足。

从"并列式"到"鱼骨式"

互联网时代,越来越多培训课堂的桌椅摆列方式由"并列式"变成了"鱼骨式",如图 1-11 所示。"鱼骨式"是指学员分小组,每组围着桌子坐,形成一个个"岛屿"的摆列方式。很多人对这种现象不以为然,认为这只是桌子摆放形式的不同。其实不然,课桌摆放形式的变化反应的是老师与学员、学员与学员之间连接关系的变化。传统的"并列式"摆列方式是一对多的讲授,学员是分散的单个个体,不利于互动,老师是绝对的权威,课件是标准化的课件,课堂的主要功能就是学习知识和技能。而"鱼骨式"将学员分成小组,增强了学员之间的互动和连接,课堂不再是老师"一言堂"的模式,而是师生共同探索和学习的开放模式。这种模式有利于营造一种开放式的学习氛围,老师在整个过程中扮演的更像是一个引导者的角色。

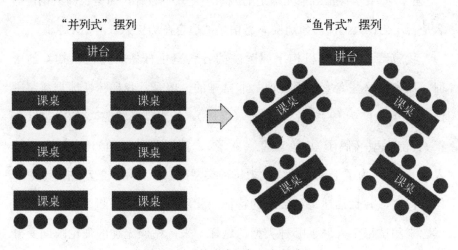

图 1-11 "并列式"与"鱼骨式"

第1章 互联网时代培训革命

互联网时代，课堂将从"学习知识和技能"的功能定位，转变为构建"学习型组织生态"的功能定位。互联网时代，未来环境都是未知的、不确定性的。过去已知的成功经验，面对快速变化的外部环境不能持续有效。传统课堂"学习知识和技能"的功能定位，以及"一人讲、大家学"的模式给组织创新带来了局限性。我们需要营造一个更加互动、开放的课堂来建立学员的学习氛围，激活组织的创新活力。好的培训管理者要致力于课堂的生态化建设，课堂生态化包括 3 个步骤：连接、互粉和共创。

1）**连接**。传统的培训模式中，培训老师把学员召集在一起，进行一通"填鸭式"的集训后，大家回到各自的岗位工作，学员之间没有连接和互动。好的课程不仅是老师讲，还要通过很多活动让学员建立连接。学员之间的连接能促进学员之间的相互信任关系。

2）**互粉**。粉丝是行动力最强的群体。要想培训内容落地，在培训中，要促进老师与学员、学员与学员之间互粉，要建立一种非常强的关系。粉丝是老师培训内容落地的重要推手。

3）**共创**。通过老师与学员、学员与学员之间的连接与互粉，逐渐形成一个学习型的组织生态。在这个生态中，群体人员相互激发、切磋和竞技，不断推动知识的迭代与创新。

从"内训师"到"落地师"

工业化时代最伟大的管理创新是分工，分工产生了效率。分工的最大弊端在于，每个人都只管工作流的"一截"，而没有人串联起来系统思考和系统落地，这也正是传统培训不落地的原因。互联网时代，快速变化的外部环境倒逼组织阶段性任务的快速变化，分工模式难以顺应组织任务快速变化的需求。越来越多的互联网企业或技术型企业的组织模式，从围绕职能的"分工制"转变为围绕任务的"项目制"。比如，华为大学的组织设计不是叫"某某部"而是叫"某某项目群"，华为技术有限公司（以下简称华为）自身的组织就是一个以项目为核心的组织，项目是跟着业务需求走的，只要有业务需求，华为大学就会配合出一个培训"项目群"。

落地师是互联网时代项目式培训模式的产物，是指在企业内部以解决问题为导向，以提升绩效为目标，将创新的企业管理模式、经验和方法在组织内部落地实施，并持续推动组织创新的人。落地师与内训师之间的区别在于他们职能定位的差异。内训师的职能主要定义在课程的开发和讲授上，而落地师则要完成培训项目的问题诊断、内容开发、课程讲授、带教训练、认证评估与辅导改进的全价值链管理。优秀的内训师擅长把自己的知识和经验进行提炼和输出，他们的角色定位就像"鹦鹉"，呈现和表达是他们具有的重要技能。而落地师的角色定位更像"猫头鹰"，他们必须具备强烈的目标和结果导向，推动组织创新是他们的核心宗旨，落地是他们的唯一使命，如图1-12所示。

内训师主要以课程讲授的形式将培训对象从工作中抽提出来，在特定的时间空间里进行专题学习活动，培训以课程结束为终点，缺乏辅导落地的过程。这样的培训将学习与工作场景分割，针对性不强，培训内容转化链条长。学员学完课程感觉有道理，自己如何做还是一头雾水，看不到直接效果。落地师则以解决组织问题为导向，直指业绩与目标，工作场景即学习场景，将工作与学习无缝对接，在落地中进行带教训练，从而改变团队行为、优化工作流程、提升客户满意度和增加组织绩效。对内训师认证主要是认证其课程开发和课程讲授的技能，而对落地师认证则主要认证其落地的结果，而非认证其技能。

"内训师"	"落地师"
✓ 角色：鹦鹉	✓ 角色：猫头鹰
✓ 技能：讲师技能	✓ 技能：教练技能
✓ 目标：转化链条长	✓ 目标：直指业绩与目标
✓ 导向：针对性不强	✓ 导向：以解决问题为导向
✓ 内容：场景割裂	✓ 内容：工作即学习
✓ 形式：讲授	✓ 形式：带教训练
✓ 评估：认证技能	✓ 评估：认证结果
✓ 组织：培训部	✓ 组织：落地委员会

图 1-12 "内训师"与"落地师"

从"考场"到"擂台"

柯氏四级评估模型是工业化时代比较经典的培训评估理论，它把对于培训效果的评估分为 4 个层级：第一，反应评估，评估被培训者的满意程度；第二，学习评估，测定被培训者的学习获得程度；第三，行为评估，考察被培训者知识运用程度；第四，成果评估，计算培训创出的经济效益。柯氏四级评估模型看似非常系统，然而在企业完全落地的不多。大部分的企业只是停留在第一层和第二层，即培训结束发一份满意度调查问卷和测试学员学习情况的试卷,我把它称作"考场"模式。

虽然有高满意度和分数,但由于没有反馈出培训对学员的行为变化和组织业绩提升的影响,"考场"模式越来越不受企业的认可。互联网时代,如何做到第三层(行为评估)和第四层(成果评估)是培训落地的关键。因此,我提出"促行式评估"模式。顾名思义,"促行式评估"就是促使学员行动的培训效果评估方式,它是以学员"行动"为核心的评估方法,而不是以学员"知道"为核心的评估方法,我称之为"擂台"模式,如图1-13所示。

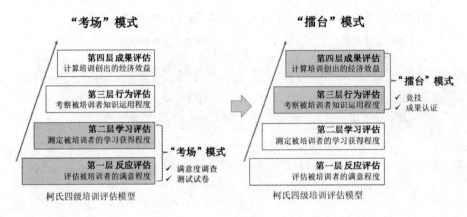

图1-13 "考场"与"擂台"

何谓"擂台"?"擂台"就是以落地成果评估为导向的竞技。比如,我们发起比赛活动,让每一次活动都是一场战役,在战役中,点燃大家的激情,带动员工的工作节奏感,使其处于兴奋状态。那么,我们想要获得什么成果,就竞技什么内容。我给联想校园店的导购做《狙击手秘籍》的销售话术培训时,设置了一个"神秘客"机制,即每个门店随时会降临一个神秘顾客,这个顾客是我们内部的新员工,他会通过顾客体验的方式评估导购们销售话术的运用和掌握情况,并评比出优胜者,这便是"促行式评估"模式。

从"娱乐化"到"游戏化"

互联网时代,新生代人群已成为职场的主力军,他们更加注重参与感和体验感,渴望得到更多的尊重和认同,并希望一切严肃的事情能够轻松化,甚至是娱乐化。很多培训从业者纷纷顺应潮流,将培训变成了娱乐至上,在课程上大搞"娱乐"和"表演"。可是,表面上看课堂气氛活跃、笑声连连,实际上并未达到有效教学的目的。学习培训要"游戏化",而不是"娱乐化",如图1-14所示。学习"娱乐化"是指用轻松的娱乐节目替代枯燥的培训内容,从而达到活跃课堂气氛的目的。这种模式以活跃学习气氛为导向,学员的主要精力更多地被娱乐活动牵引,而忽略了培训内容,容易偏离学习价值。学习"游戏化"则是将游戏的机制融入学习制度和规则当中,从而调动学员学习的积极性。说简单点就是用游戏的机制和工具,让枯燥无味、难以坚持的学习,变得像游戏一样充满乐趣、容易坚持。成功的"游戏化"机制必须具备:明确的目标任务、清晰合理的规则、即时性反馈和公平激励机制。

比如,网易公司的新员工进入到具体部门后要进行为期3~6个月融入期学习。整个过程如同网络游戏的"新手村"环节,负责带教的导师相当于高级别玩家。与游戏系统中的师徒任务类似,导师需要带领新人完成不同的专业任务,只有通关了这个副本BOSS(阶段工作任务),才能开启下一个阶段的BOSS,否则需要重刷副本或者GAME OVER(淘汰出局)。在完成任务的过程中,新人会像游戏角色一样不断获得经验值,即在线学习系统积分,该积分可以兑换装备(现实世界的物品),也使新人的提升与成长变得可见。"游戏化"和"场景化"的教学设计更符合新人的认知习惯,让新人在快乐中成长。

学习"娱乐化"	学习"游戏化"
✓ 以活跃学习气氛为导向	✓ 以提升学习动力为导向
✓ 加入娱乐节目	✓ 融入游戏机制
✓ 改变内容	✓ 改变规则
✓ 容易偏离价值	✓ 紧密锁定价值

图 1-14 "娱乐化"与"游戏化"

第 2 章 企业大学顶层设计

没有顶层设计,就谈不上落地

什么是顶层设计?古语有云:"不谋万世者,不足谋一时;不谋全局者,不足谋一域。"这就是顶层设计的概念。顶层设计并不是设计顶层,而是从顶层开始,一层一层往下设计所有层。如果没有顶层设计,那么所有层都是不成立的;没有培训目标,那么培训考核是不成立的;没有文化理念,那么文化落地培训是不成立的;没有角色定位,那么企业大学的功能设计是不成立的。其实每个部分都是互为因果、相互关联的。顶层设计不是高于所有层的设计,而是包含所有层的设计,它是让企业大学的战略、文化、课程、师资、传播和制度等所有"零部件"耦合成为一个整体的系统思考。如果顶层设计不清楚,谈落地都是空中楼阁。这就是方向错了,越努力错得越彻底,就像你爬到了梯子的顶端,结果发现梯子搭错了墙一样。

近年来,国内很多企业兴起了一股从培训体系升级到企业大学的热潮,但真正想明白该如何办企业大学的却非常少。对于过去习惯做行政事务的培训部门来说，面对建设企业大学这个新任务时，一时间也是手足无措。有些培训管理者认为企业大学就是要"大"，场地大、规模大等，大多精力放在"加课程""加师资"上面，整个课程体系规划得非常完善，但是执行时却发现"高层不重视，中层不支持，基层不配合"。培训管理者感觉很委屈，"说是办企业大学，这么少的资源投入，怎么办得起来？"业务部门的人也是怨声载道，"培训课程对我们的业务没有多大帮助，投入这么多资源办企业大学，有什么价值？"有些企业大学成了一个空架子，名存实亡，有些企业大学在发展中徘徊。企业大学要不要做？到底该如何做？一切困惑的根源在于企业大学顶层设计得不清晰。

企业大学顶层设计需要对企业战略进行系统思考，我们切忌战术上的勤奋掩盖了战略上的懒惰。顶层设计的关键是取舍和聚焦，以清晰的顶层设计为标准才能决定资源投入的优先级。要做好企业大学的顶层设计，我们必须想明白以下几个问题。

1）为什么要办企业大学（使命与愿景）？

2）企业大学要实现什么样的目标？

3）现阶段，人才、品牌、文化和业务支持哪个最重要？

4）企业大学能给企业带来什么核心价值？

5）企业大学服务于内部还是外部？

6）聚焦在中高层还是所有层级？

7）有什么样的基础？能投入多少预算？

这些问题是企业大学建设的行动纲领，如果这些问题都没有理清楚，办企业大学就会像无头苍蝇，没有方向。我们来看看华为大学的顶层设计。

1. 华为大学的愿景

将军的摇篮。

第 2 章 企业大学顶层设计

2. 华为大学的理念——企业与人才发展的助推器

1）领导者发展领导者。

2）实时、实战、实用,从实践中来,到实践中去。

3）结果导向。

4）向艰苦地区和一线倾斜。

3. 华为大学的定位

华为大学并没有给自己定下非常高远的目标,他们很明确地知道,自己的根本使命是成为公司的使能器,这个使能器帮助公司输出两样东西:

1）更符合公司价值观、有精神的人。

2）知识和经验。

4. 华为大学的基本任务

1）传承文化。

2）提升能力。

3）萃取知识资产。

5. 教学理念

1）坚持选拔制。坚持选拔制的目的是让来受训的学员无论从自我感知还是从事实的情况来看都是选拔出来的好手。

2）训战结合。所教的东西都是"打仗"用的,华为大学不做精品,而做实战。

3）让优秀的人培养更优秀的人。华为大学很少有专职的老师。老师都是一线的优秀经理人员。站在课堂上的都是地区部门的经理,而没有专职的老师。

4）循环赋能。华为大学的培训有一个很强的理念,就是要从项目管理与经营实践中选拔、发展后备干部,培训的考场和业务的战场是紧密结合的。

6. 核心业务

华为大学的核心业务围绕"管理能力""专业能力""项目管理能力"展开,但是其核心的核心是文化传承。

7. 运作模式

华为大学培训运作模式有个特点,它不是一个成本中心,而是依靠与业务部门的结算和买单,自负盈亏的利润中心。这保证了华为大学与公司业务的高度一致。如何评估培训效果和价值很简单,就是看公司的业务收入是否增长,业务部门是否愿意给钱,是否愿意把人送到华为大学来培养,如图2-1所示。

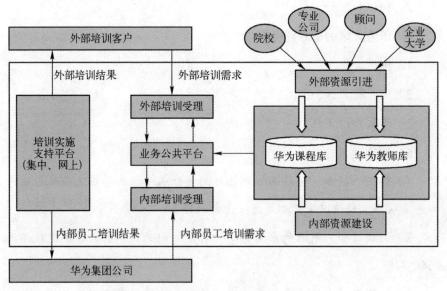

图 2-1　华为大学培训运作模式

企业大学经营转型:不在于"大",而在于"强"

对于一个企业来说,最重要的是 3 个群体:消费者、员工和相关利益者

（投资者和合作伙伴等），持续成长和壮大的企业需要获得这三者的认同。消费者认同会给企业带来源源不断的收益，让企业实现盈利；企业具备盈利能力，会获得投资人和合作伙伴等相关利益者的认同；相关利益者认同会给企业带来资本和资源支持，增强企业实力；企业实力增强，可以给员工提供更好的待遇，从而吸纳到更加优秀的人才加入；优秀的人才又会改善企业的产品、流程和服务，从而进一步使企业获得消费者认同等。获得三者的认同，会产生相互循环的促进效应，使企业像"滚雪球"一样越滚越大。

认同的基础是沟通，品牌是对消费者的沟通，文化是对员工的沟通，战略是对相关利益者的沟通。工业化时代，企业与这三者的沟通是一种"浅度沟通"的模式。比如，过去在品牌与消费者的沟通中，常用十几秒的电视广告，通过一句广告语告诉消费者我是什么，抢占消费者心智；与员工的文化沟通，大多也仅仅是挂在墙上的文化口号；这些其实都是"浅度沟通"的模式。互联网重构了人们的连接方式，"浅度沟通"的效用将变得越来越弱，消费者不再单纯地相信商家的宣传，而会相信用户的评价；员工不再相信墙上的文化口号，而是相信老员工的口碑和自身的体验；相关利益者不再单纯地相信利润的故事，而是越来越关注行动。

如今企业需要换一种跟消费者、员工以及相关利益者的沟通方式——深度沟通。这背后需要形成一套能够跟消费者、员工以及相关利益者做"深度沟通"的话术体系。有位化学女硕士通过短视频的方式卖化妆品，结果一天卖出 300 万元，她会直接告诉用户这个化妆品的分子结构是什么，皮肤衰老的原理是什么，她会让用户感觉自己用了 20 年的化妆品白用了，这就是"深度沟通"模式。如果认识到要跟消费者、员工以及相关利益者做深度沟通的重要性，你会发现企业的培训体系存在巨大的转型机会。很多企业成立企业大学，从内部走向外部，对消费者、员工和相关利益者做深度教育和沟通，正是看到了这个趋势，如图 2-2 所示。培训不再是企业不重视的"附属单元"，而将成为助推企业经营增长的"生产力单元"。我认识一个做内衣品牌的企业，一年三四十亿元的收入，50 万会员，生意做得特别好。创始人告诉我，他们其实是个教育公司，公司员工不到一百人，但是这 50 万人每一天都在平台上做培训。我问他，你们培训怎么做的？教材怎么研发的？培训师怎么训练？他告诉我说没有这么复杂，他们 50 万人都是培训师，公司为业绩做得好的合伙人提供分享平台，通过分享他会受到更多人的认可，收益就会更大，所以他就会拼命讲"干货"，而且易懂易操作。

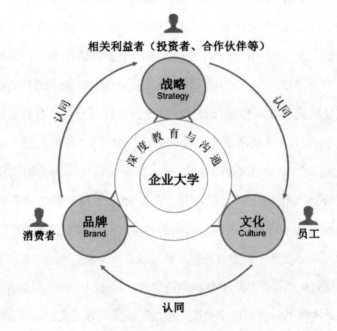

图 2-2　企业大学经营转型

互联网时代，企业大学经营转型并不在于"大"（规模大），而是在于"强"（功能强）。企业大学并不只是大企业的"专利"，小机构依然可以实现大功能，如国际奥委会组织。国际奥委会总部位于瑞士洛桑的一处偏远的二层小楼,全部工作人员也就 100 人左右,但他们通过运营机制调动全球几百个国家踊跃参与奥运会的举办工作,能让全球几十亿人认识到奥利匹克精神,并且国际奥委会本身可以获得大量的资金收入。一个卓有成效的企业大学应该扮演国际奥委会这样的角色,业务部门好比是举办奥运会的各个国家,学员就是运动员,企业大学就是通过经验输出来促进培训这个事件的自循环。培训管理人员不用多,但个个都是专家,他们能够站在战略高度思考企业问题,并推动企业变革和创新。

传统培训部门的功能是个"三角形",培训部门大部分的工作在于培训课程的组织与管理,即简单的培训提供者。而企业大学的功能定位是个"菱形",即由简单的培训提供,向体系化的人才培养、协助业绩绩效改进、推动组织创新变革、对外部赋能等功能转变,如图 2-3 所示。这对我们的培训管理者提出了更高的要求,我们需要将目光从关注课程发展转移到人才发展上来,为企业提供的不仅仅是课程和师资体系的建设方案,还是一套人才发展的解决方案。培训管理者要能够紧密贴近业务,将学习融入工作,打造完整的培训体系。

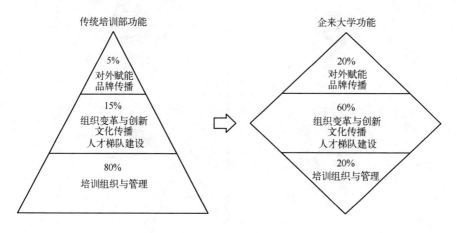

图 2-3 企业大学功能转变

角色定位是企业大学的灵魂

角色定位是企业大学的灵魂，我们把企业大学定义为什么样的角色，决定了它将会走向何方。我们要思考清楚，企业大学的功能是培养人才梯队，还是传播企业文化，或是推动组织变革，又或是整合产业链，抑或是传播企业品牌？企业大学是对客户、合作伙伴、外部人才开放还是只针对内部员工开放？这些都要定位清晰。企业大学路线不清晰，首先在于角色定位的不清晰。

我们根据企业大学的开放性（对内还是对外）和功能性（企业大学承担的功能是组合的还是单点的）两个维度，可以画出一个矩阵，矩阵的4个象限代表了4种类型的角色定位——整合者、传播者、建构者和创变者，如图2-4所示，4种角色比较见表2-1。

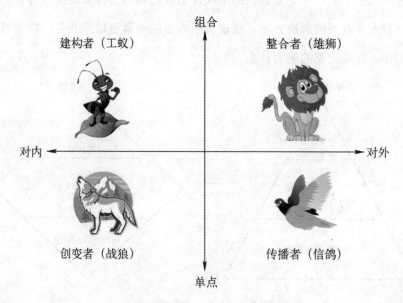

图2-4 企业大学4种角色

第 2 章 企业大学顶层设计

表 2-1　企业大学 4 种角色比较

类型	角色	开放性	功能性	适用对象	举例
整合者	雄狮	对外	组合	企业在行业中拥有一定的领先优势，规模领先、技术领先、思想领先、模式领先等	京东众创学院 和君商学院
传播者	信鸽	对外	单点	企业一般为平台型或创新型企业，业务处于扩张状态，或平台存在推广性需求	美团外卖袋鼠学院 阿里巴巴口碑学院
建构者	工蚁	对内	组合	企业一般为拥有一定规模和体量的企业，或处于裂变式发展的企业	腾讯学院 吉利企业大学
创变者	战狼	对内	单点	企业一般为传统企业，组织发展遭遇瓶颈，需要进行变革与创新	播恩大学 欧菲学院

　　第一种类型是整合者，这种类型的企业大学拥有"雄狮"的特质，作为森林之王的"雄狮"，所有资源尽为其用，它是产业或行业中的整合者。它们一般站在思想、技术和产业的制高点，通过创新的模式，对人才、项目和客户等资源进行整合。企业大学便是整合的"抓手"。对外部的开放性上，它是典型的"磁场式"组织，通过向被整合对象输出文化和技术，构建联盟与合作关系。

　　承担这种角色的企业一般在行业中拥有一定的领先优势，规模领先、思想领先或是技术领先。在功能组合上，这种类型的企业大学要承担文化输出、品牌推广和人才整合的多重功能，它们一般是独立核算，自负盈亏的利润中心。腾讯的青腾大学、京东的众创学院，都是整合者角色的典型代表。他们的价值是以吸纳和扶持更多优秀创业者为己任，以各自生态体系为案例，向他们输出完整的经营管理思维，此外还提供一些实质资源的支持。比如，京东众创学院主要针对草根创业者，除了为学员提供创业培训之外，还协助创业者进行投资后管理，为其提供来自京东内外资源的支持。众创学院的最大初心是建立实战派创始人社群，让学员与学员之间、学员与导师之间、学员与京东之间形成高效强互动。在这个社群生态圈中，众创学院可以通过与一批又一批受训学员的串联，进行生态外产业链的布局和应用场景的扩张，在生态合作共赢机制中创造价值增量。

第二种类型是传播者，这种类型的企业大学角色就像"信鸽"，它们承担了企业文化输出和品牌传播的功能。通过对同行的上下游输出行业经验和知识，达到业务推广和品牌传播的目的。培训是可以让别人最快地熟悉我们产品的方式，而熟悉是认可的充分且必要的前提条件，换句话说，培训是可以让客户迅速认可产品的一种手段，其传播效果比广告效果还要好。典型的案例是惠普商学院，它是一所外向型企业大学，通过对客户开放，以及组织行业内的一些高峰论坛，成功地获得了大量的认可，并为惠普做了很好的营销传播。很多平台型的企业都会构建这样的大学来推广自己的产品和品牌，比如，阿里巴巴口碑学院、美团外卖袋鼠学院、滴滴学院等，其主要功能也是向服务商、入驻平台的商家进行培训，从而达到品牌传播的目的。

第三种类型是建构者，我把这种类型的企业大学形象地比喻为"工蚁"，就像"蚂蚁筑巢"一样。建构者致力于构建一个完整的人才梯队培养体系，主要是针对内部人才的储备与培养。例如，吉利企业大学，浙江吉利控股集团（以下简称吉利）大手笔的国际化并购，使吉利在研发、制造、采购、海外营销及工厂建设等方面产生了大量的中高级人才需求。于是，吉利启动了GM1000项目——吉利认可的千名研究生培养计划。吉利所属各公司与浙江汽车工程学院联合培养，通过入职集中培训、一线认知实践、专业理论学习培养与企业实践培养相结合的方式，最终培养成吉利认可的研究生，毕业经评价合格后即在吉利及所属关联公司就业。

  第四种类型是创变者，我把它比喻为"战狼"。创变者主要是针对企业内部的业务问题策划对应的培训项目。企业大学本身不是一个规模庞大的组织，它可能只有几个管理者，但这几个管理者一定要具有丰富的业务经验，可以一眼看出企业当前出现的问题是由于哪方面能力、知识或者态度的缺失造成的。这种企业大学的管理者只需做好相对应培训项目的策划，执行管控和效果评估，具体的执行资源可以从整个公司的范围内获取。创变者适用于大多数中等规模的企业，很多企业发展到一定阶段后，都有组织缺乏"狼性"、故步自封、缺乏创新、执行力低下、人心涣散的问题。企业迫切需要文化氛围的重塑和组织管理的革新，但是，依靠企业组织自发的变革和创新收效甚微，企业必须要有一个相对独立的战略级单元（企业大学）来推动变革。

  当然，企业大学的角色定位也不是一成不变的，根据企业发展的不同阶段，企业大学的角色定位也会相应变化。最初阶段，企业大学可能是创变者；发展到一定阶段后，有可能成为建构者；最后可能对外开放，成为一个整合者。企业必须根据自身的实际情况、想要达成的目标以及自身的基础条件来选择，就像你不能期待一个还不会爬的婴儿就能够学会跑一样，必须实事求是。

整合者——雄狮

  创新指数：★★★★★。

  魅力指数：★★★★☆。

适用对象：企业在行业中拥有一定的领先优势，规模领先、技术领先、文化领先、模式领先等。整合者更倾向于实践而非单向对外输出理论，最鲜明的两个特征是：一、拥有专用的实体场地、师资团队和在线体系等；二、以该企业自身生态为案例，制定专业技能和管理等课程。

案例：

北京和君咨询有限公司（以下简称和君咨询）是一家综合性企业管理咨询服务公司，目前是一家具有较大规模的管理咨询公司。我进入和君咨询工作的时候，它只是一个只有300多员工的小公司。短短三年后，和君咨询已成长为一家员工上千人，管理咨询业务营业额破亿元，管理基金几十亿元的集团公司。这一切都得益于它"一体两翼"的整合者模式，即以"咨询"为体，以"资本"和"商学院"为两翼的相互协同、相互相生模式，如图2-5所示。

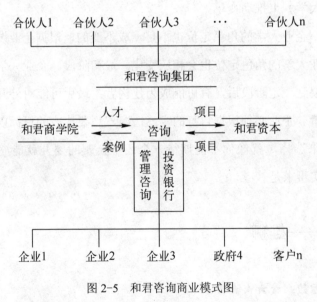

图2-5 和君咨询商业模式图

在整个模式的设计中，和君商学院扮演了人才"抓手"的角色。和君商学院的课程不只是对内部员工免费开放,它每年还要招收上千名外部学员,进行为期一年的培养。这些学生主要是北京、上海等一些名校的硕士、博士和优秀的本科生,还有一些企业在职的优秀管理者。那么,有人会问:"这些优秀的人为什么要上和君商学院?"原因在于两点:第一、免费。和君商学院对这些学生是免学费的,但是要经过3次笔试和1次面试,通过后才能入学。而和君总裁班(针对企业家和企业高管人员)的学费是30万元。试想一下,通过3次笔试和1次面试后,就可以获得价值30万元的所有课程,而且能够和优秀的人在一起,你会不会去试一试呢?第二、实战。和君商学院所有的课程都是中国企业原生态的案例,和君商学院的老师不是那些来自大学的专家教授,而是来自和君集团内部的咨询师,这些咨询师的工作就是给各家企业客户做管理提升项目,所有的案例都是真实的,这些内容对学生来说,充满了吸引力。

可能还有人会问:"免费培养这些学生有什么意义呢?"这些培养出来的学员,其中有一部分进入了和君工作,没有进入和君工作的学员,他们本身是来自清华、北大、人大等名校的高才生,这些学员的就业去向要么是500强企业,要么是政府机构,会给和君品牌带来极大的口碑传播效应,也会带来源源不断的客户线索。所以,在梯队人才的培养上,和君从来不用"校招",因为在和君商学院里,每年有大量的后备人才储备。在品牌传播上,和君也不用打广告,因为遍布天下的学子都在口口相传。和君商学院的功能定位从"内部人才培养"转变为"外部人才整合",逐渐成长为一个自负盈亏的利润中心,并于2015年在新三板上市。

传播者——信鸽

创新指数：★★★★☆。

魅力指数：★★★★。

适用对象：企业一般为平台型或创新型企业，业务处于扩张状态，或平台存在推广性需求，例如，阿里巴巴口碑学院、美团外卖袋鼠学院等。

案例：

美团外卖袋鼠学院致力于为中国外卖餐饮人打造开发、共享、专业的培训交流平台。本着"让外卖运营更简单"的培训理念，以知识的力量推动餐饮外卖企业持续健康发展，从而为消费者提供更高品质的产品和服务。袋鼠学院的核心价值是帮助商家、合作伙伴提升外卖运营的能力，从而达到平台品牌传播的目的。

1. 线下培训地图

袋鼠学院的线下培训按照客户类型分为3类：第一、针对城市商家，主要是以城市沙龙的形式，与城市商家共享外卖大数据，同时分享外卖爆单"干货"；第二、针对校园商家，主要通过校园沙龙，分享外卖运营知识与技巧；第三、针对连锁商家，走进商家定制培训，精准解决企业痛点。袋鼠学院在全国巡回举办线下培训活动。

2. 线上王牌栏目

1）袋鼠月刊：每月5日向商家发布最全外卖运营"干货"。

2）高频问题：聚焦商家痛点，提供最实用的解决方法。

3）外卖大数据：通过平台流量优势，向商家提供大数据支持。

4）袋鼠周报：每周一更新，让商家5min了解行业大事件。

5）袋鼠训练营：专业的线上训练营，助力解决外卖运营核心痛点。

6）袋鼠"干货"铺：每周三更新外卖爆单技巧。

3. 出版行业教材

美团外卖在运营中发现，利用互联网手段改善运营，注重品牌特色、爆品打造的餐饮运营者，往往更容易获得消费者的认可。在与商户日常的沟通中，美团外卖发现大部分餐饮经营者都有打造餐饮爆品、创新营销方式的诉求，但是在实际运营过程中缺乏方法论，常常陷入"无处着手"的困境，能够给予餐饮运营者参考的书籍寥寥无几。为了弥补了新餐饮运营系统知识方面的空缺，帮助餐饮商家解决餐饮经营过程中遇到的问题，美团外卖袋鼠学院着手打造了《从零开始做新餐饮》一书。袋鼠学院的模式是站在行业思想的制高点，输出美团外卖的产品、服务和品牌。

建构者——工蚁

创新指数：★★★★。

魅力指数：★★★★★。

适用对象：一般为拥有一定规模和体量的企业，或处于裂变式高速发展的企业，企业存在人才梯队建设的需求。

案例：

腾讯学院以"成为互联网行业最受尊敬的企业大学"为愿景，建立了完善的员工发展机制。公司从员工一入职开始就为其设计了全方位的培养体系，从制度上保证了员工在公司内可以多通道发展，共同打造了职业发展体系。腾讯除了为每位新员工配一位导师，在辅导专业技能的同时帮助新人们了解腾讯文化外，还会安排他们参加一系列丰富完整的新人培训，其中有工作经验的新人会经历一个项目——腾讯达人。新人入职的第一周可自由组合，随机采访公司内的老员工，请他们讲述在腾讯的经历和故事，感受老员工对腾讯文化的切身体会，通过这种感性且近距离的接触，深入理解腾讯文化。最后，新人们要把访谈结果带到"企业文化"的课堂上，与同学们分享达人故事。经过几年的积累，将这些案例整理成书——《达人秘籍》。

腾讯非常注重从内部盘点和发掘有潜质的员工，并重点培育，特别加强在实际工作中的岗位锻炼，以培养出一支核心人才队伍和优秀的管理人员。腾讯学院针对核心人才的培养推出"潜龙""飞龙""育龙"系列，不断培养内部不同层级的储备干部。后续又推出"攀登""飞跃"项目，不断培养专业技术人员中的潜才。针对公司的技术干部，量身定制了领导力发展项目。通过评测中心、行动学习、面授课程、研讨沙龙、标杆学习和压担子等多种培养形式的混合设计，全面快速地提升核心人才的相关能力，腾讯学院人才培养体系如图2-6所示。

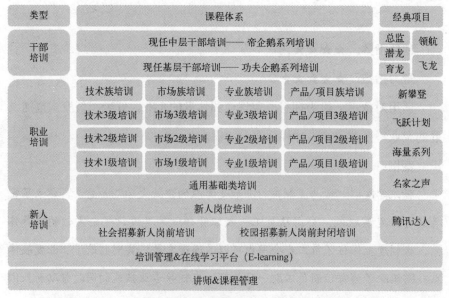

图2-6 腾讯学院人才培养体系

第 2 章 企业大学顶层设计

创变者——战狼

创新指数：★★★★。

魅力指数：★★★★☆。

适用对象：一般为传统企业，组织创新与发展遭遇阶段性瓶颈，需要进行变革。创变者是很多面临困境中的企业应该学习的模式。

案例：

2014 年猪肉价格低迷，导致饲料行业普遍经营惨淡，但在行业中，却有一匹黑马，每年业绩高速增长、逆势上扬，这家企业就是播恩。2001 年，播恩董事长邹新华带领 5 个人，投资 20 万元，在赣州创建播恩，经过十余年循序渐进地发展，2014 年播恩已达到 6 亿元左右的销售额。在过去，行业大势好，竞争不算激烈，产品不愁卖，营销人员维护住几个大客户就可以躺着睡大觉，业绩还能快速上涨。然而自 2011 年以来，猪肉价格低迷，饲料销售竞争激烈，习惯了舒服日子的营销队伍遭遇行业下行周期时，就显得非常难受了。很多营销人员业绩不理想、收入低、人心涣散。加上营销总监的突然离职，给原本脆弱的组织，带来了重重的打击。

如何帮助营销人员增强能力、提升业绩，从而带来个人和企业的双丰收？如何稳定团队并推动组织的变革和创新？这些问题时刻在邹新华董事长的脑海里徘徊。他发现，有些优秀的营销人员，即使行情不好，他们的业绩也不降反升。为何不能把绩优员工的成功经验和方法萃取出来，并复制给其他人员呢？于是，他提出筹建播恩大学的建议，目的是将过去传统的培训体系升级为企业大学，让企业大学来推动组织的变革和创新。同时，他设立了"价值营销绩优样板复制"项目组，由我负责整个项目的落地。

作为项目组长,我带领项目组成员扎根在广东茂名市的一个办事处长达半年时间。项目组的角色是办事处的教练员和萃取师,一方面要教导办事处的规范化、标准化管理,比如,办事处的 5S 管理、六上墙管理(业绩上墙、进度上墙、评比上墙、实证上墙、文化上墙、制度上墙)等。另一方面要萃取出绩优员工的成功经验和方法,并形成可推广和复制的标准化操作指引,比如,555 市场调研法、实证法和小区域讲座等。项目组将这些经验方法工具化,形成了 10 门课程和 1 本手册,然后进入为期 4 个月的样板复制和推广阶段。项目组打造了一个封闭式 3 天 2 夜营长训练营,将各区域的区域经理集中培训。通过培训,让他们学会这套经验和方法,并落实到各自区域去推广和复制。项目组到各区域督导落地执行情况,对各区域的复制情况进行认证考核,每个区域认证考核合格才能过关,认证不合格要进行整顿,并且项目组还要评比出优秀区域进行奖励。价值营销培训项目如图 2-7 所示。

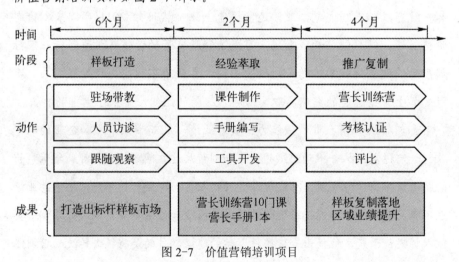

图 2-7 价值营销培训项目

通过这个培训项目,播恩营销人员的业绩普遍得到明显改观,营销队伍士气高涨,团队稳定性增强,3 年时间,企业销售业绩从 6 亿元逆势增长到 20 亿元的规模。如今，播恩大学又推出了"播恩养猪法"，打造"养猪 CEO 欧洲研修班"，已然从创变者角色走向整合者角色。

从 0 到 1 构建企业大学

从 0 到 1 构建企业大学，就像建立一幢房子：企业大学的顶层设计是"屋顶"，如果没有顶层设计，企业大学就没有目标和方向，这是战略层面需要解决的问题。文化是"屋檐"，企业大学区别于培训部门的一个重要功能是企业文化的传播。企业大学的课程、师资、传播和技术是四大"支柱"，是企业大学的主体部分。评估和制度是企业大学的"基石"，没有评估和制度，企业大学就会像空中楼阁，无法落地。这八大模块的内容，共同构成了一个企业大学的完整体系，如图 2-8 所示。

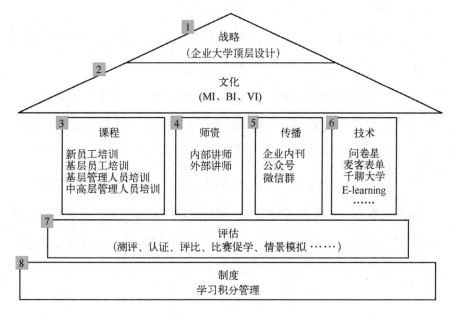

图 2-8　企业大学的八大模块

1. 战略

1）企业大学的角色定位：使命、功能。企业大学应该具备哪些使命和功能？推动组织变革，还是传播企业文化，或是培养人才梯队，又或是传播企业品牌？

2）企业大学模式设计：商业模式、运营模式和组织模式。

3）企业大学愿景：未来要实现什么样的目标？建立什么样的蓝图？

2. 文化

1）企业大学的 MI（理念识别）：校训、校风、教风和学风等。

2）企业大学的 BI（行为识别）：礼仪、校歌和行为规范等。

3）企业大学的 VI（视觉识别）：企业大学 Logo、标准字、标准色、象征图案、Slogan、文化衫、办公用品、教室环境、招牌、公务礼品、陈列展示及印刷出版物等。

3. 课程

1）新员工培训：公司发展历史及愿景、公司规章制度和岗位职责、企业文化、员工行为规范和职业礼仪等。

2）基层员工培训：上岗培训、技能提高培训、关键事件培训、职业素养培训、职业道德培训、新技术培训、日常技术技能训练及其他相关培训。

3）基层管理人员培训：监督管理的任务、责任和权限，工作标准化与全面质量管理，人际关系与沟通协调，会议组织与控制，员工考核与激励，团队管理及新生代员工管理，如何进行人员调配，如何进行进度管理，如何对下属进行评价和奖惩和如何进行改革、改进等。

4）中高层管理人员培训：领导力培训、团队建设、管理沟通、目标管理与控制、激励管理、人力资源管理、市场营销管理、财务管理、职业素养、生产运营管理和目标管理等。

4．师资

1）内部讲师：从企业内部选拔有能力、有担当的人成为企业大学讲师。内部讲师选拔要有规范的操作标准和选拔流程，并覆盖各个专业领域（销售、技术、生产和管理等）和各个层级（中高层、基层和普通员工）。内部讲师要有循序渐进的上升通道和退出机制，讲师可分为初级、中级和高级 3 个级别。纳入讲师队伍的人员即为初级。采用挑战晋升机制，初级讲师满一年后，可以通过内部讲师级别评审挑战更高级别。内部讲师进行年度考核，考核结果不符合相应级别标准的将予以降级，初级讲师不符合标准则自动退出讲师队伍。

2）外部讲师：一些通用类课程并没有行业属性的要求，可以选择外部讲师来授课，比如，员工职业素养、服务礼仪和沟通技巧等。

5．传播

1）企业内刊：企业文化理念、文化故事、优秀员工事迹、内部总结、行业动态、公司具有代表性的重要项目介绍和员工活动风采等。

2）公众号：培训课程宣传、E-learning 课程平台链接、意见征集、培训总结、前沿资讯、知识文章、企业文化理念和故事、优秀员工事迹、行业动态和员工活动风采等。

3）微信群：培训通知、培训交流和知识与经验分享等。

6．技术

1）企业专属定制的 E-learning/M-learning 平台。

2）需求调查：问卷星、麦客表单等。

3）课程宣传：易企秀、H5 等。

4）课程直播/点播：喜马拉雅、千聊、微吼直播和微吐课等。

7. 评估

1）满意度评估：学员满意度调查表。

2）考试：培训内容测试试卷。

3）认证：情景模拟考核认证。

4）评比：通过 PK 和比赛，评比出优秀者。

8. 制度

1）新员工入职管理制度。

2）学习积分管理制度。

3）学习项目认证管理制度。

4）内训师管理制度。

从 0 到 1 构建企业大学，就是逐步完成这八大模块构建的过程。八大模块的构建不是一蹴而就的，我们不能期望"一口吃成大胖子"，而是要循序渐进地进行。比如，没有课程体系和师资体系，学习积分制度就是空中楼阁。从 0 到 1 构建企业大学，分为 3 个阶段：搭框架、夯基础、建体系，如图 2-9 所示。

	搭框架				夯基础				建体系			
	1、顶层设计 2、文化体系 3、团队组建				1、课程开发 2、师资建设 3、传播体系				1、评估体系 2、制度体系 3、技术体系			
工作计划	第1阶段				第2阶段				第3阶段			
	Q1	Q2	Q3	Q4	Q1	Q2	Q3	Q4	Q1	Q2	Q3	Q4
企业大学顶层设计	■											
企业大学文化理念设计与落地	■	■										
企业大学组织构建		■										
课程体系设计与开发			■	■	■							
师资队伍建设				■	■	■						
课程传播平台（公众号）						■	■	■				
网络学习平台							■	■	■			
评估体系									■	■		
学习积分制度										■	■	

图 2-9　企业大学建设节奏规划

1）搭框架。

搭框架就是完成企业大学的顶层设计，企业大学的发展战略规划。即企业大学要实现的目标、策略及路径。基于顶层设计，建设企业大学的组织功能。

2）夯基础。

夯基础主要是搭建企业大学的课程和师资体系。课程和师资是培训体系的基础，没有课程和师资，就像"巧妇难为无米之炊"。

3）建体系。

建体系就是建立企业大学的人才培养机制，包括评估体系、制度体系，例如，学习积分制度的建设，企业 E-learning 系统的建设等。

第 3 章　文化课程生动化

文化表达不"性感",不如扔进"垃圾篓"

一个思想之所以得到传播,首先不是因为它是对的,而是因为它有趣。同样是表达"行业大势的重要性",孟子曾说:"虽有智慧,不如乘势。"鲜有人知晓。而小米创始人雷军说,台风来了,猪都会飞。却燃爆了整个朋友圈。企业文化表达也同样如此。

以下企业文化用词,你是否似曾相识。

创新、诚信、合作、共赢、团结、仁爱、博学、廉洁、自律、勤奋、细心、拼搏、高效、严谨、尊重、人本……

我对很多企业文化理念做过简单地统计:80%的制造型企业文化理念中有"创新"这个词;90%的医院文化理念中有"仁爱"这个词;80%的贸易型企业文化理念中有"诚信"这个词等。这些文化理念被挂在公司的文化墙上,写进了公司的制度文本里,唯独没有走进员工的心里。我曾问一家年产值 300 亿元规模的上市公司的员工:"企业的价值观是什么?"

第3章 文化课程生动化

结果让我非常吃惊,很多员工都不能完整或准确地说出来。我把这种大同小异、没有独特性、用词平淡、内容空洞乏味和不易记忆的文化理念表达,称之为 A 型文化表达方式。

而有另外一些企业,他们的文化被员工、合作伙伴、客户口口相传,比如,华为的价值观"以奋斗者为本"。它们具有独特性、带有情绪、有号召力、有画面感并且容易传播,我称之为 B 型文化表达方式。A 型与 B 型文化表达方式见表 3-1。

表 3-1 A 型与 B 型文化表达方式

A 型	B 型
创新	尝试,一切可能
拼搏进取	以奋斗者为本
仁爱	良医益友父母心
廉洁	敢贪公款,必砸饭碗
高效执行	快
客户导向	客户虐我千百遍,我对客户如初恋

我曾担任杰威咨询股份公司的策略总监,并作为咨询项目组成员给清澜山学校设计校园文化理念。项目组一直思考一个问题:清澜山学校的文化理念核心是什么?清澜山学校是由华为和清华大学附属中学(以下简称清华附中)共同办学的,我们想清澜山学校应该传承华为和清华附中的共同精神,那么这个精神是什么呢?我们最终选择了"创新"。华为是中国科技型企业的领头羊,注重研发和创新。清华大学是中国高等学府之一,一直引领着民族的思想。"创新精神"是这个学校被赋予的独特文化内涵。

但是，直接在文化理念中提出"创新"有用吗？我们看看中国大大小小企业的文化墙上，无论有没有技术，都在标榜着企业的创新，"创新"变成了一个"烂大街"的词汇，我们必须找到独特的文化表达方式。最后，项目组创意出"尝试，一切可能"作为"创新"的替代。人类学会行走、获取火种、祛除疾病、远征大海以及翱翔蓝天等，都是源自于尝试，创新就是要不断地去尝试，一切的创新都源自"尝试"。我们还设计了一组图片作为文化墙来诠释"尝试，一切可能"的意义，如图3-1 所示。这个提案获得了清澜山学校校长的高度认同，项目结束后，校长跟我们说，"就因为这句话，给学校增加了不少生源"。

图3-1 清澜山学校文化理念

中国石油长庆油田公司（以下简称长庆油田）也没有用"创新"的字眼，取而代之的是"工作1+工作2=工作"的理念，工作1就是岗位职责规定的事情，工作 2 是工作中需要做的改进，这两项加起来，才是一个员工工作的全部。为了达到这一点，他们倡导员工在工作中"小改小革"，他们认为点滴的改革就是创新。

企业的文化理念从文化墙上走进员工的心里，首先需要"性感"的表达，文化理念表达如何做到"性感"？要做到 5 点，如图 3-2 所示。

A型	B型
✓ 大同小异	✓ 有独特性
✓ 严谨理性	✓ 带有情绪
✓ 内容空洞	✓ 有号召力
✓ 平淡乏味	✓ 有画面感
✓ 不易记忆	✓ 容易传播

图 3-2　A 型与 B 型文化表达方式

1．有独特性

文化理念的表达要有独特性，独特性就是具有企业独特风格的表达方式，容易识别和记忆。比如，华为的"以奋斗者为本"，而不是"拼搏进取"，像创新、拼搏、进取和勤奋这样的词，不具有独特性，很难具有亮点。

2．带有情绪

文化理念的表达要带有情绪，带有价值取向。比如，说企业文化号召"廉洁奉公"，情绪就很平，而"敢贪公款，必砸饭碗"，就带有情绪性。带有强硬的态度和情绪，就能震慑人心。

3．有号召力

文化理念的表达要有号召力，要有行动。比如，播恩的文化理念中并没有用"高效执行"这样的词语，而是一个字——"快"，快研发、快生产、快销售等，就像有一个人在督导组织效率一样，语言具有号召力。

4. 有画面感

文化理念的表达要有画面感。比如，很多医院的文化理念中都用"仁爱"这个词，但是"仁爱"没有画面感，如何指导医生的行动呢？我在一家医院做培训时，用"良医益友父母心"来诠释。什么样的医生是个好医生，看见病人生病，能做到像朋友一样担心，像父母一样着急就是好医生。

5. 容易传播

文化理念的表达要容易传播，容易传播的文化理念，更容易落地。比如，采用押韵、对仗形式的句子，更容易使企业文化"不胫而走"，口口相传。

做到以上 5 点，文化理念的表达就足够"性感"了，企业文化就具备了良好的推广基础。

平庸者讲道理，高手都在说故事

有两种类型的企业文化传播者——A 型和 B 型。A 型文化传播者通过"讲道理"的方式将文化理念灌输给学员。他们最常用的语言范式是这样的：

"我们企业的价值观是诚信，对待客户要诚信，对待同事要诚信，对待合作伙伴也要诚信。一个人没有诚信，在社会上很难立足，在公司也很难立足。一个没有诚信的人，朋友会远离他，同事会远离他，客户也会远离他……"

第3章 文化课程生动化

而另外一种是 B 型文化传播者,他们主要通过"讲故事"的方式来诠释企业的文化理念。比如,"王永庆卖大米"的故事。

当时大米加工技术比较落后,出售的大米里混杂着米糠、沙粒和小石头等,买卖双方都是见怪不怪。王永庆则多了一个心眼,每次卖米前都把米中的杂物拣干净,这一额外的服务深受顾客欢迎。

王永庆卖米多是送米上门,他在一个本子上详细记录了顾客家有多少人、一个月吃多少米、何时发薪等。算算顾客的米该吃完了,就送米上门,等到顾客发薪的日子,再上门收取米款。

他给顾客送米时,并非送到就走,他会帮顾客将米倒进米缸里。如果米缸里还有米,他就将旧米倒出来,将米缸刷干净,然后将新米倒进去,将旧米放在上层。这样,米就不至于因存放过久而变质。他这个小小的举动令不少顾客深受感动,铁了心专买他的米。

人们更容易记住,更容易被打动的是故事,而不是道理。故事能流传、被记诵,是因为蕴藏其中的情感、智慧和逻辑。文化传播过程中可以把故事和案例植入我们倡导的理念,如果只给员工讲这样那样的大道理,用道理去说教员工让其改变,员工根本听不进去,而故事却往往是人们津津乐道的。

玛氏公司的企业价值观是"品质、责任、互利、效率、自由"。这些企业文化理念被一个一个故事所诠释。

玛氏在中国开办工厂,公司领导人到了工厂检查工作,工厂方面做了大量的准备,比如,关于标准、成本、质量等的材料,但出人意料的是,这位公司领导问的第一个问题却是:工厂的污水处理系统是否在十年之后还处在领先地位?

玛氏公司的产品需要大量的椰汁,所以在东南亚地区鼓励当地人大量种植椰树。但当地台风多，椰树往往会被台风吹倒导致减产。为了弥补这些农民可能的损失，让他们放心地种植椰树，公司设立了专项基金，帮助农民在种植椰树的同时也种植木瓜和菠萝等作物，帮助他们稳定乃至提高收入。这样一来，公司得到了稳定的椰汁货源，当地农民也可以放心地种植椰树。

A 型与 B 型文化传播者的对比如图 3-3 所示。

A型	B型
✓ 讲道理	✓ 讲故事
✓ 入脑，理性说服	✓ 入心，情感打动
✓ 直奔目标	✓ 关注过程体验
✓ 内容空洞乏味	✓ 有情景，有冲突
✓ 结果——知道	✓ 结果——做到

图 3-3　A 型与 B 型文化传播者

A 型文化传播者期待用理性的方式说服听众，达到目标。这种直奔目标的方式，往往很难达成目标。当然，讲大道理式的宣贯方式，不能说没有一点作用，通过不断地宣贯，企业文化理念可能会被员工记住。当考试或有人问起的时候，员工能写出或说出企业的文化理念，但这仅仅是停留在知道的层面，而没有走进员工的心里并且落到行动上。

B 型文化传播者通过"讲故事"的方式打动学员，他们关注听众的感受和体验，并不像 A 型文化传播者那样直奔目标，而是选择一种曲线的方式来达到目标。在故事和案例的熏陶下，潜移默化地影响听众。他们的内容生动有趣，是精细挑选和设计的有情景、有冲突的趣味故事和案例。

这样的方式往往能打动听众，让听众从内心认可企业的文化理念，进而萌生出改变自己行为的念头。

愿景故事的魔力

《沙漠的智慧》里面提到，如果你想造一艘船，首先需要做的不是催促人们去收集木材，也不是忙着分配工作和发布号令，而是激起他们对大海的向往。人们之所以对故事情有独钟，是因为人们天生就喜欢画面感。讲故事不难，但怎么讲好一个故事，可就是门学问了。真正的高手，三两句话就能直抵人心，胜过普通人千言万语的大道理。当年苹果公司需要一个新 CEO，乔布斯相中了百事可乐的高管斯卡利，他只用一句话就打动了对方——你是想卖一辈子糖水，还是想改变整个世界？

乔布斯就是一个讲故事的高手。乔布斯重返苹果，拯救危局，做的一项重要工作就是赋予这个品牌一种伟大的精神，他动情地讲述了一个"不同凡响"的（Think Different）故事：

向那些疯狂的家伙们致敬，他们我行我素，桀骜不驯，惹是生非。他们格格不入，就像方孔中的圆桩。他们用与众不同的眼光看待事物，他们既不墨守成规，也不安于现状。你可以支持他们、反对他们、赞美他们或诋毁他们，但唯独不能忽视他们。因为他们改变了世界，他们推动人类向前发展。有人视他们为疯子，而我们却视他们为天才。因为只有那些疯狂到认为自己能够改变世界的人，才能真正地改变世界。

这个故事不仅深深感动了苹果的潜在消费者，也大大鼓舞了苹果的员工，为苹果于绝境中的重生注入了坚定的信仰。故事中那些敢于 Think Different 的精神榜样：甘地、毕加索、爱迪生、卓别林、爱因斯坦、约翰·列侬、鲍勃·迪伦等，同他们的精神一道逐渐融入品牌中，成为一种广受认同的信念。

会讲故事已经成为我们不可或缺的能力。《人类简史》的作者尤瓦尔·赫拉利认为，智人区别于动物和其他智慧物种是因为智人学会了讲故事。愿景故事构成了人们共同的想象，超越了血缘的纽带，让智人结成了更大的群体，凝聚起了更多的力量，对未来积攒了更多的期待和信仰。愿景故事可以提升士气、凝聚共识，是解决公司历史问题的良方。

每个人的心里都有一个世外桃源的梦想，让我们来欣赏一下和君小镇的愿景故事㊀。

从山村变为小镇，起始于和君商学院从北京迁建到此。镇子的核心是和君商学院的校园，教学楼、图书馆、宿舍、食堂、研发楼、实验楼、钟楼、专家楼、报告厅、剧场、诉衷亭、省思堂、石板路等建筑，外观上一概是"最美小镇"的风格，砖墙、瓦顶、屋檐、街道，古韵氤氲。而建筑的内部却是最新科技的武装，通过超高速的移动互联网和最先进的智能装备，这里与世界名校、全球商界互联互通。

和君商学院面向北大、清华、复旦、南大、厦大、武大、港大、台大、哈佛、耶鲁、斯坦福、牛津、剑桥等全球名校的在读生和毕业生招生，每年录取 3000 多个硕士和博士，构成青年精英人才的集群。令人感到不可思议的是，这样一个连接全球精英的"人才部落"，它的总部居然坐落在一个世外桃源般的深山小镇。和君商学院在这个深山小镇里讲授专业，通过互联网教育的方式，全球各地的学子和听众，在网上听课、研讨思想、发表观点，小镇里的课堂就这样延展到了各地、连通到了全球。全

㊀ 节选自《和君小镇愿景》，略有改动。

球和君学子、新老校友,无不向往和君母校的所在地,和君小镇成为他们一生三必到的圣地:求学时自己到;成家立业时携带妻子儿女到;老年时再回到。谈笑有鸿儒、往来无白丁,明月松间照、清泉石上流,和君小镇的特有能量和韵味,就在这些来来往往、恋恋不舍的人和那山、那树、那淙淙泉流之间。

文化课不只是课,功夫在课外

文化课不仅仅在课堂,更多功夫需要花费在课外。新员工从踏入公司的那一刻起,所见所闻都在给他们传递着企业文化。A型企业文化传播者主要通过课堂教学的方式来宣导企业文化,而B型文化传播者不只是课堂教学,还采用有形化展示来达到目的。所谓有形化展示,就是通过故事、标识、图片和实物等方式,让人能够身临其境地去感受和体验,如图3-4所示。

A型	B型
✓ 课堂教学	✓ 课堂教学+有形化展示
✓ 文字	✓ 故事+标识+图+实物等
✓ 无趣	✓ 充满趣味
✓ 宣教式	✓ 体验式
✓ 理解并记住	✓ 感受并融入

图3-4 A型与B型文化宣导

播恩是一家猪饲料生产和销售企业,它的企业文化是"快"文化,即快生产、快研发和快服务等。如何让员工感受到"快"的精神？培训老师讲述了一个"创始人骑自行车送饲料"的故事，这是发生在公司创立期间的故事。

有一次客户的饲料快用完了，打电话急着要货。于是，创始人答应下午将货送达。但糟糕的是，送货的车辆坏在了中途，而且还下着雨。为了完成对客户的承诺，创始人骑着自行车，将饲料一包一包送给了客户。"快服务"的精神得到了客户的认可。

故事说到这就结束了吗？公司的培训管理者找到了创始人那辆已经生锈的自行车，放在公司大堂门口的一块空地上，以这辆自行车为主题元素，设计了一个"景点"。这样来来往往的客户、合作伙伴和新员工都能看到并了解到"景点"背后的故事。

实物展示能营造出场景和画面感，让听众切身去感受，从而扩大培训的影响力。有些培训管理者平时不注重培训素材的收集，培训做得毫无声色，所以组织的学习氛围起不来。作为培训管理者，我们要让企业文化故事落在企业每个角落里，比如，某某员工的创新技术给公司带来了效益的巨大增长，工厂以该员工的名字命名实验室、大楼或者道路等。公司的一草一木都可以赋予故事，文化课不只是在课堂，更需要花工夫在课外。

多少好课程，输在了没有仪式感

村上春树说过，仪式是一件很重要的事。仪式是让我们对所在意的事情怀有敬畏之心。仪式感之所以重要，是因为可以通过不断暗示自己，强化精神，让我们继续坚持枯燥的生活，在遇到变故或彷徨的时候，带来希望。仪式，很多人可能会不屑一顾，会认为虚头巴脑，没有必要。但我曾

第3章 文化课程生动化

看到一句话：人是无处可逃的，每一天都是普通的一天。工作的不确定性与重复性，使我们很难想清楚自己整日忙碌究竟是为了什么。但是仪式能给每一个普通的日子，每一个无意义的重复性的动作赋予内涵。

我曾经服务于一家民营医院，给这家医院的医生、护理等人员做培训体系建设项目。当我进驻企业调研时发现，很多医生、护士对待病人的态度很不好，他们进入公司的时候，没有经过非常正规的培训。于是，我首先把新员工的入职这个阶段抓起来。新员工进入单位工作，必须经过入职培训，培训的内容包括公司简介、企业文化、公司制度和相关医疗法律法规等。在入职培训环节，我特意设计了一个宣誓仪式。

誓词

健康所系，生命相托，

牢记"让人人都能享受便捷、优质的医疗服务"的使命。

无论昼夜、寒暑、饥渴、疲劳，

我愿以灿烂的笑容面对每一位患者，

一切以患者为中心。

我愿以责任心、爱心、耐心、细心去对待工作。

待患如亲，服务至上，

诚信负责，追求卓越。

严格遵守职业纪律，

拒收红包，谢绝回扣。

做一名光荣的××医疗工作者。

新员工入职培训结束时，要庄严地宣誓，朗读誓词。并且，我会给每个人发一张印有誓词和空格的纸，大家要将誓词认认真真地誊抄在空格里，不能错一个字，誊抄完，签上自己的名字，这张誓词将永久地保存在培训学院的个人档案里。经过这样的仪式设计，我惊讶地发现，员工的离职率有所降低，同时大家对待患者的态度也有所改观。

很多有仪式感的细节，很容易被忽略，比如，有些公司员工早上到公司，要相互拥抱、开早会、跳早操。我们经常看到一些美容美发店员工，早上集体手舞足蹈像"疯"了一样，有些人对这样的做法嗤之以鼻。其实早会不一定非要讲一些大道理，我们的目的是通过早会这种形式告诉大家，我们要进入工作状态了。有的员工早上还没睡醒，像霜打的茄子，通过早会上的仪式感来转变角色，提升一下精神面貌，对服务性岗位尤其重要。这些看似肤浅的仪式，其实有它内在的深刻道理。

根据互动仪式链理论，仪式过程中需要统一的互动符号和成员的情感共享，通过现场聚集后的相互分享和相互感染，共同的关注可以拉近成员之间的人际距离。人们在这一场仪式的狂欢中获得身份认同和自我认同，有利于建立和谐的人际关系、增多积极的情感体验。研究中发现，非功能性的群体仪式可以使得群体成员之间的连接更加紧密和融洽。优秀的培训师和管理者，会恰当地利用"仪式感"来提升员工的归属感、集体荣誉感和认可度，改善员工的精神面貌和工作状态，同时，还可以唤起员工内心的狼性和竞争力。

第 4 章　学习项目品牌化

从培训管理到培训经营

　　移动互联网时代，我们要从培训"管理思维"转变到"经营思维"。何谓经营思维？就是要有"市场化"和"投入产出"思维，要有"经营培训项目品牌"的意识。产品需要品牌，培训同样也需要品牌，尤其是现在很多企业有独立的企业大学。企业大学也逐渐变成了内部供应商的角色，如果没有好的产品推出，内部的业务部门可以不埋单。这就形成了内部市场化的竞争，给培训人员也带来了压力和挑战。培训不再是"强迫"，而是"吸引"，把培训学员当作用户，通过有价值的学习项目输出，经营用户、经营粉丝和经营口碑等。

　　过去，培训人员的三大能力是讲课的能力、开发课程的能力和学员组织管理的能力。现在要增加新三样：第一、经营用户和粉丝的能力。过去培训人员是组织培训和管理学员，现在是经营用户和粉丝；第二、多媒体制作能力。培训人员会不会把培训内容做成可听、可视化的声光

第4章 学习项目品牌化

电合一的产品；第三、学习引爆能力。培训人员会不会引流，会不会做爆款课程。

未来，学习项目不只是从培训需求调查、课程开发、组织实施和效果评估上来看待，还要有"品牌经营思维"，将学习项目品牌化。什么叫"品牌化"？就是让学习项目在企业内部甚至行业中成为一个品牌，让人人都能记住它、喜欢它、爱上它，并逢人就爱传播它。

机锋网新员工入职时的学习项目——伙伴通关图，就是学习项目品牌化思维。为提高新老员工的意愿和兴趣，机锋网为新老员工设计了一张伙伴通关图，将伙伴帮助新员工融入团队的数个步骤引导设计为桌游风格的通关图，为每个帮助行为设置一个关卡，每个关卡上印上公司的吉祥物——熊猫，由它"带领"着伙伴与新员工一起闯关，如图4-1所示。每位新员工在拿到伙伴通关图时都很感兴趣，也会很专注地看每一个关卡的具体内容。伙伴通关图在公司内部引爆，成为内部员工相互传播与讨论的谈资。这是之前的培训项目未能达到的效果，学习项目品牌化很好地激发了新员工及伙伴的积极性。

传统培训，学员的参与积极性比较低，很多企业不得不采用强制性手段，比如，"不参加的人员不能参评年度优秀员工""迟到早退的人员扣多少钱"等。这个手段在短期内是有效的，但从长远来看，这个方式的弊端很明显。学习资源质量差也要被强迫学习，学员开始疲倦甚至厌烦，然后出现培训恐惧症，最终步入恶性循环的怪圈。其实，很多事情就像握在手中的沙子，握得越紧，漏得越快。我们做培训除了采用"控制"的方法，还可以尝试"吸引"的方式。

图 4-1 机锋网伙伴通关图

超级名称和符号

学习项目品牌化，首先要给学习项目取一个比较响亮的名称。有些企业直接用"××人员的培养计划"来命名，虽然能够很直观地看到培训主题，但却缺乏独特性，难以记忆和传播，品牌化更无从谈起。好的名称既能明确包含学习项目的主要信息，表达项目的学习价值，又能准确传递项目的目标和期许，让学员产生良好的第一印象，吸引学员的注意力，并能激发学员的参与兴趣。学习项目命名是学习项目品牌建设中至关重要的环节。给学习项目命名看似简单，其实包含了很多内容，需要对项目高度概括，还需要吃透企业的文化理念。同时还要注意，名称

第 4 章 学习项目品牌化

要尽量简单，通俗易懂，符合用户的认知，方便理解和记忆。取名称有以下几种思路可以参考。

1）体现培训对象。项目名称体现出所培训的对象，比如，"助跑新人""新经理训练营""金牌内训师"等。

2）体现时间周期。项目名称强调学习时间或项目周期，能够促进学习进度的合理安排，比如，"30 天改变计划""8 分钟商学院""90 天成长计划"等。

3）体现象征隐喻。根据动物或植物的特征及象征意义，结合项目对象或目标命名，比如，"蜂鸣计划""飞龙计划""小天鹅计划"等。

4）体现培养方式。项目名称体现学习项目比较特别的学习方式，比如，"大咖说""名师大讲堂""Talk Show"等。

5）体现关键字词。选择与公司文化或项目内容有关的字、词，巧妙地将其嵌入项目名称中，比如，兴业银行——"兴梦想"高潜人才培养项目、华润电力——"润卓悦"中层管理者培养项目等。

我曾给欧菲光集团股份有限公司（以下简称欧菲光）设计了一个"蝶变计划"的学习项目。欧菲光是一家指数级增长的企业，到 2018 年，营业收入 300 多亿元，8 年增长 100 倍，员工人数有 4 万多人。对于指数级增长的企业来说，管理人才的需求速度往往大于人才梯队的成长速度。欧菲学院推出了一系列管理者学习的课程，但是报名的人寥寥无几，大多时候都是八九个或十几个（公司业务繁忙，培训只能安排在晚上非上班时间，学员是否参与只能采取自愿报名的方式，无法强制）。这对于欧菲学院的培训管理者来说，充满了挫败感。我进入欧菲学院后，将零散的管理课程进行体系化梳理，推出了一个"蝶变计划：从优秀专才到管理能手"的学习项目，并设计了蝴蝶展翅的海报图片，如图 4-2 所示，图片上的文字如下所示。

蝶蛹展翅，动人心魄，观者如云，岂知绚烂芳华的背后，是一种长久的寂寞等待，加入蝶变计划，来一次刻骨铭心的蝶变之旅。

图 4-2 "蝶变计划"海报

学习项目一推出，瞬间引爆，通知邮件发出不到 40min，就有 300 多人报名，最后的报名人数远远超出了预期。

除了取个超级名称，识别性符号也是必不可少的内容。符号对于一个品牌来说是不可或缺的，比如，耐克品牌的"对勾"，麦当劳的"M"。对于学习项目品牌化来说，符号也是非常重要的。在我们的生活中随处可见各种符号。我们从小就被教育红灯停、绿灯行，交通指示灯的符号深刻烙印在脑海中。符号能够指示人的行为，当我们看到红灯时，就会停下；当我们看到绿灯时，就会向前。即便不懂外国的文字，当我们看到卫生间的符号，我们照样可以找到。超级符号对人的行为具有指引行动的作用，如图 4-3 所示。

第 4 章　学习项目品牌化

图 4-3　工作与生活中的警示符号

符号有很多种类型，比如，数字符号、标点符号、运算符号、字母符号、代表符号、汉字符号、形状符号、生物符号以及卡通符号等，这些符号有些被运用在了品牌 Logo 的设计中，见表 4-1。

表 4-1　品牌符号设计元素

类　　型	举　　例	品　　牌
数字符号	1、2、3、4、5、6…	7天连锁、9朵玫瑰
标点符号	。：！？…	银鹭"惊叹号"
运算符号	+、-、×、÷…	医院"+"符号
字母符号	A、B、C、D、E…	麦当劳"M"
代表符号	√、♀、♂、@…	耐克"√"
汉字符号	宝、工…	加多宝、工商银行
形状符号	○、☆、▲…	奥迪、丰田、宝马
生物符号	蜻蜓、蜘蛛…	红蜻蜓、蜘蛛王
卡通符号	熊猫、老鼠、鸭子…	唐老鸭、米老鼠

学习项目品牌符号（Logo）设计一般要满足 3 个要求：第一，让人

67

记住，符号要具有识别性，容易记忆；第二，让人看懂，即让人能够看懂符号所表达的理念和内涵；第三，召唤行动，即符号能够有指示作用，就像红灯停、绿灯行一样，当人们看到符号时，潜意识会不自觉地形成一致性行动。比如，京东大学为了培养集团各一级部门负责人及其继任者，推出 JDMBA 项目。JDMBA 项目的品牌符号是一个"风帆"的图形，我们能非常容易地看出"扬帆起航"的理念，如图 4-4 所示。

图 4-4　JDMBA 项目品牌符号

一句直抵人心的 Slogan

学习项目品牌化，除了超级名称和符号，还需要一句朗朗上口、直抵人心的项目品牌的标语和口号（Slogan）。标语和口号有什么作用？贵州微商创业学院创办的线上读书会吸引了 1 万多人在线参与，核心靠的就是一句直抵人心的口号——你有多久没读完一本书了？标语和口号可以宣传学习项目的品牌精神、反映品牌定位、丰富品牌联想和清晰品牌名称等，对学习项目品牌化起着非常重要的作用。一句好的 Slogan，短短几个字就能够直抵人心，一句话胜过千言万语，胜过百万雄兵。

1. Slogan 要具有号召力

好的 Slogan 对培训对象是具有号召力的，它能够号召学员加入培训项目中来。比如，我针对企业管理培训生培养推出的"星辰计划"培训项目，项目的品牌 Slogan 是"聚是一团火，散是满天星"，如图 4-5 所示。这样的 Slogan 对于很多刚刚毕业加入公司的新人来说，就非常具有号召力。

图 4-5 管理培训生培训项目

2. Slogan 要体现期望和目标

好的 Slogan 往往能够体现出培训项目的期望和目标。比如，针对企业核心技术与管理人才的培养，我推出了一个"火种计划"，其目的是让核心技术与管理人才输出自己的知识与经验，培养新人。学习项目的品牌 Slogan 是"匠心品质，薪火传承"，体现了项目的期望和目标，如图 4-6 所示。

图 4-6 核心技术与管理人才培养项目

3. Slogan 要体现出项目价值

好的 Slogan 能够体现出培训项目给学员带来的价值。比如，针对新晋经理人管理能力培养，我推出了"蝶变计划"学习项目，其目的是让新晋经理人提升管理能力，从而达到任职资格的要求。学习项目的品牌 Slogan 是"从业务能手到管理高手"，体现了项目的培养价值，如图 4-7 所示。

图 4-7 新晋经理人培养项目

4. Slogan 要能够激发学员的使命感

好的 Slogan 能够激发学员的使命感。比如，针对企业基层关键岗位人员的培养与稳定，我推出了"磐石计划"项目，学习项目的品牌 Slogan 是"坚若磐石，铿锵共进"，激发了基层关键岗位人员的使命感，如图 4-8 所示。

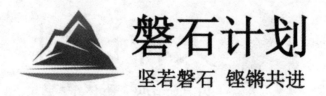

图 4-8 基层关键岗位人员培训项目

学习项目品牌化的过程中，无论是取名字、设计 Logo 还是写

Slogan，都要围绕学员的心智来展开，学习项目品牌塑造的过程，就是对学员心智资源占领的过程。

爆款设计：痛点、尖叫点和引爆点

学习项目品牌化，除了在传播层面对学习项目进行品牌化包装（学习项目名称、Logo 和 Slogan 设计）外，还需要做好学习产品本身的价值体验。只有让学员拥有良好的学习产品体验，才能获得良好的口碑。如果只是对学习项目进行华丽的包装，而实际体验却很糟糕，这样的学习项目终究还是无法完成品牌化。

在过去知识匮乏的时代，我们追求构建一个完整的课程体系。互联网时代，知识已经变得非常充裕，人们反而在知识泛滥中逐渐迷失了方向。有很多课程都是效果欠佳、口碑糟糕的，鱼龙混杂，难以分辨。在学员的反感和抵制中，企业培训进入了"冰封期"。在培训"冰封期"，想要"破冰"，我们不是建体系，而是要有互联网的"单品爆款"思维，即一点突破，点点突破，通过爆款"破冰"，重燃学员学习的热情，再来构建企业的培训体系。

什么是互联网"爆款"思维？核心其实就是 3 个点——痛点、尖叫点和引爆点。找到了这 3 个点的交集，就是爆款，如图 4-9 所示。痛点指的是用户思维的能力，我们能不能洞察出用户的真实需求；尖叫点指的是产品思维的能力，我们是否能够做出令人尖叫的产品，如机锋学堂的伙伴通关图就是令人尖叫的学习项目；引爆点需要有市场营销思维的能力，也就是我们的产品和服务能不能够引爆学员，让学员转变成粉丝。粉丝与普通学员的区别在于，他们会成为课程的传播和推广者。我们来看看京东大学是如何用"爆款"思维设计学习产品的。

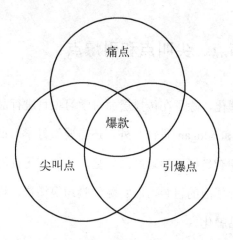

图 4-9　互联网"爆款"思维

京东大学在公司内部调研时发现，公司很多专业级人才中，有 50%人的职业梦想是成为管理者。但作为要靠技术驱动未来的京东，需要更多安心做技术的人才。当被问到"为什么要成为管理者？"时，得到的回答大都是"成为管理者，才有更多的话语权。"再问"你们愿意做审批吗？愿意开各种会议吗？""不愿意，我就想让别人听我的。"于是京东大学围绕他们做了两个尖叫的产品，一个叫京东 TALK，一个叫京东 TV。京东 TALK 就是模仿美国的演讲秀模式，有一个铺着红地毯的舞台和两块显示屏，一块显示倒计时（共 18min），还有一块用来播放 PPT。这个舞台只允许专业人士上台演讲，管理者一律免来。京东大学第一次请了一个研究无人机的博士程序员，他讲了自己的工作叫"虚拟试衣"。讲完这个程序之后，他立刻就火了，很短时间内就成了公司的名人。

痛点：学员不痛，培训无用

培训课程产品的设计，如果不能切中员工的痛点，很难成为爆款，也很难产生培训效果。要切中员工痛点，培训产品就必须和员工的实际工作场景相结合。因为即便是同一个主题，内容也是非常宽泛的。比如，《有效沟通》的课程，100个老师会有100种讲法，有的侧重跨部门沟通，有的侧重异议沟通，有的侧重商务沟通等。不能与员工工作场景相结合的培训产品设计都是难以落地的，都是"耍流氓"。

在设计培训产品时，我们必须深入到学员的问题场景中，找到他们的业务痛点，这样才能让培训产生价值。曾有一家公司邀请我去给他们的销售队伍讲《销售技巧》课程，对于这种课程，网上各种销售技巧类课件很多，如果只是讲一些泛泛地销售技巧，比如，2080法则、FAB法则等，我想效果一定不大，因为并没有结合他们工作中的实际痛点。于是，在培训之前，我要求到他们的销售一线进行调查，和销售人员一起拜访客户。经过深入调查，我把销售人员的问题和痛点进行了汇总。

"当我去拜访陌生客户的时候，不知道如何很快和他找到共同话题。"

"有时候，客户有点意向，但就是不知道如何让他下定决心。"

"我只要稍不留意，客户就被竞争对手挖走了。"

了解了这些痛点后，我将销售理论知识与销售人员开发客户的场景相结合，做成一个新的培训课程产品——"五星客户战法"，即从"陌生客户"到"标杆客户"，从"一星"到"五星"，每一步的销售策略和技巧，如图 4-10 所示。新人刚进入公司摸不着门道的话，只需要按照"五星客户战法"每一步所说的策略去做，很快就能看见成效。

这样洞察销售人员痛点的培训产品，很快就在组织内部"引爆"，成了人人想学的必修课。

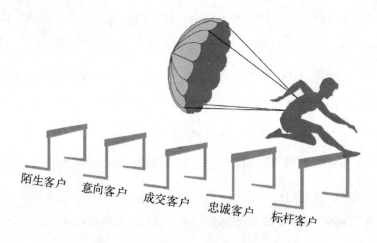

图 4-10　五星客户战法

尖叫点：针尖捅破天

你用手去推一头大象，肯定推不动，但你用一根针去推一头大象，一定能把它推得跳起来。找到痛点之后，就是要做出让人尖叫的产品，这个产品的设计要有"一根针"的思维，即聚焦用户的痛点，针对性地打磨产品的核心功能，将产品做到极致。何谓极致？就是要让"针尖捅破天"！当你把这个核心功能打磨成"一根针"的时候，你可以拿它去扎用户的痛点。这个时候，用户不尖叫都没可能。大家可以去看看那些好产品，都是一根什么功能的针？

第 4 章 学习项目品牌化

学习体验设计的过程就是产品打造的过程，要想让我们的学习项目品牌生而不凡，首先是我们的学习产品自身要生而不凡。我们的学习产品设计是否能够让用户尖叫？用户为何会尖叫？因为学习产品的体验感超越了他的预期，超预期是获取用户满意的王牌。比如，学员一开始认为这个课程比较普通，但是听完后却受益匪浅，感觉非常有价值，这就是现实的体验感超越了期望值。根据学员"课前期望"与"现实体验"两个维度，我们可以画出一个二维矩阵，如图 4-11 所示。

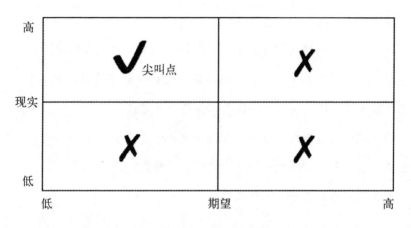

图 4-11 尖叫点二维矩阵

期望值高，而实际体验值低，学员会大失所望，奋力吐槽"这个课程真垃圾，简直浪费时间。"期望值高，实际体验值也高，学员会觉得理所当然"我就说过这个课程不错吧。"期望值低，实际体验值也低，学员也会觉得正常"原本就觉得这个课没有什么学的。"期望值低，而实际体验值高，学员会尖叫"哇！原来是这样。"

尖叫点要求不仅仅要解决学员的痛点，它还要比这个解决方案高无数个层次，完全超越学员的预期。要想获得产品的尖叫点，就要做减法，让学员的目光汇聚到整个产品的尖叫点上来。比如，福田汽车针对新员工培训项目，策划了一个"拯救擎天柱"学习项目。新员工在一线车间要实习7~8个月，时间周期较长，工作相对枯燥。为了重塑学习体验，培训部为其设置了5道任务关卡。

第1道：初级工鉴定。实习期间必须通过初级工鉴定，成为一名正式工人。

第2道：给师傅讲课。新员工把自己了解的关于汽车的构造、基础知识和机械原理等，总结成一些课程给所在班组的师傅讲解，在促进学习的同时融洽员工关系。

第3道：给课题小组提改善建议。新员工未来将担当营销、管理和研发各个岗位的重要职责，我们对其要求是"你不是一个普通工人"，需要他们在做体力工作的同时为一线工作找到改进建议。

第4道：讲述车间的故事。把车间文化、有价值的案例、优秀员工故事挖掘出来，完成"技能—知识—文化"的转变。

第5道：结业汇报，总结收获。

引爆点：水烧到99℃也无法沸腾

引爆点，是在学习项目传播层面找到一个点，这个点能够触发学员之间的相互传播和相互讨论。比如，京东大学有两个产品："我和东哥做校友""我在京东上大学"，都是引爆型学习项目。"我在京东上大学"是一个平台性的产品，京东跟北京航空航天大学等几所大学合作，开设了电商本科和大专的学历教育，鼓励学员自费来学。员工两年半后拿到了学历，会给他奖励。如果学习期间晋升了一级，减免1/3学费；晋升两级减免1/2；晋升三级整个课程全免费。用这样的项目，

第4章 学习项目品牌化

去激励和引爆学员学习。

我曾设计了一个引爆型的学习项目——"好好学习，天天抽奖"。这个项目是针对制造业的生产线工人设计的。由于生产线工作比较忙，工人都比较排斥培训学习。于是，我用营销思维来引爆工人们的学习氛围，我在工厂培训室的外墙上贴了8个大字：好好学习，天天抽奖。并且放置了一个抽奖箱，里面放了5元、10元、50元和100元的奖券。然后把工人所有要学的技能分解成一个个小课题，工人每天学一个技能或技巧，并进行练习，学会后就可以到抽奖箱里进行抽奖。通过这样的方式，引爆了工人们的学习氛围。工人们的积极性大大提高，工作技能也大大提高。为什么这个学习项目能够引爆？因为它超越了员工的期望，有趣并且能够引发讨论。比如，A今天抽了10元，B没有抽中，A会非常开心，明天再接再厉，B可能会不服输地说："明天再抽，我就不信运气这么差！"只要产生了这种互动效应，工人们就会不自觉地投入到学习中。

水即便是烧到99℃也无法沸腾！引爆学习项目要遵循"100℃法则"，什么是"100℃法则"？就是要让一批用户对我们的培训产品喜爱程度达到100℃沸点，即百分百的满意。如何衡量用户是否对培训产品百分百满意呢？我认为核心的评判依据是"是否会将它分享给朋友"。一个人觉得某个课程很好，会忍不住向身边的人推荐。很多培训经理做培训满意度调查，设置1～5分，1分是非常不满意，2分是不满意，3分是一般，4分是满意，5分是非常满意。只要没有1分、2分，就认为培训效果不错，这就没有遵循"100℃法则"。对于"100℃法则"来说，99℃是没有意义的。有些人碍于情面，不好意思给一个低分，所以3分、4分会被

"100℃法则"剔除。对于"沸点"测试，我们只需要问一个问题：你有多大可能向别人推荐我们的课程？0~10 分，0 分是"绝对不推荐"，10 分是"肯定会推荐"。只有给 10 分的才是有效的，计为"真爱"一个。9 分及其以下都不作数。如果是 8 分、9 分，你只需追问：少了的那 1 分、2 分是因为哪里不够好？这就是"爆点温度计"测量工具，如图 4-12 所示。

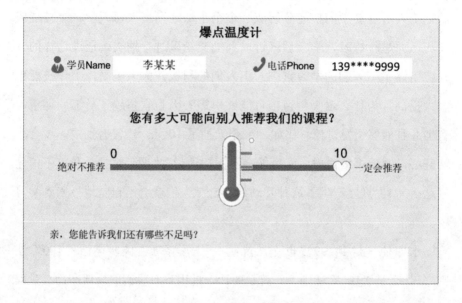

图 4-12　爆点温度计

第 5 章　O2O 混合式培训

Online 培训，并不是把传统线下课程搬到线上

有些企业认为只要把线下课程视频上传到 E-learning/M-learning 平台，搭建起了一个完整的线上课程平台，就完成了企业培训的互联网化。但是，项目上马之后发现根本不是这么简单。企业花费了大量人力、物力搭建起来的线上学习平台，点击者寥寥无几，最终变成了一个摆设。线上学习做了将近十几年了，有多少企业做得是成功的？基本上寥寥无几。因为大多企业把互联网当工具，把传统面授课程搬到网络上，换汤不换药。甚至很多线上学习系统整天逼着员工学，还和绩效挂钩，成为业绩的干扰器，令员工讨厌。

构建一个成功的线上学习平台，不能只是把互联网当工具，简单地把课程从线下复制到线上。这种"传统培训+互联网=新培训"的模式，只是改变了传统培训的"硬件"，而没有改变"软件"。什么是"软件"？比如，课程内容的排布结构与呈现方式。线下 2h 的传统课程，放到线上平

台就很少有人愿意听完。传统面授课程，学员往往在固定的时间、地点进行相对封闭地教学，其学习的干扰因素较少。而线上学习往往是非正式学习的方式，即在非正式学习的时间和场所，由学习者自我发起、自我调控和自我负责的学习方式。相对于线下学习来说，线上学习展开的时间、场所和过程等均难以衡量、把控，干扰因素多，对学习者的自觉性提出了更高的要求，传统线下课程复制到线上平台显然行不通。线下学习与线上学习比较见表5-1。

表5-1　线下学习与线上学习比较

项　目	Offline（线下）	Online（线上）
时间	局限	弹性
场所	教室、讲堂	不限
特征	干扰因素少	干扰因素多
主导	教师	学员
过程	系统的、有组织的	随意的、自发的

企业培训从Offline（线下）到Online（线上），除了需要满足功能开发上的技术支持（硬件），还需要进行课程结构与内容的改变（软件）。课程结构和内容要符合互联网知识传播的3个特点：碎片化（时间短）、实用性（"干货"）和趣味性（吸引眼球）。

1．碎片化

快节奏的生活方式下，线上学习的内容首先要满足人们碎片化学习的需求。人们很少有时间可以坐在计算机前或拿着手机完整地听完一个几小时的课程，我们要将线下一两个小时的课程拆分成"葡萄串式"的课程，即把一个大课程分成若干个小主题，每个小主题都是一个单独的内容，串联起来构成一个大的主题。这样学员就可以像吃葡萄一样,利用碎片化的时间,把一个大课"葡萄串"吃完。

我曾帮助一家服务型公司制作《礼仪》在线课程。由于礼仪对于一家服务型公司来说非常重要,在此之前,他们在线下开过多次礼仪课程,同时用摄像机把课程录制了下来,并上传到 E-learning 平台上供大家学习。整个视频时间是 1h30min 左右,结果点击者寥寥无几。于是,我建议重新来录制课程,把课程内容按照不同的主题分成十多个小课程,比如,电话礼仪、邮件礼仪、介绍礼仪、乘车礼仪、握手礼仪、问候礼仪以及餐桌礼仪等,一个小课程 5min 左右,结果效果非常好。

2. 实用性

Online 学习内容的第 2 个特点就是实用性,要直入主题,不含"水分"。就是我们通常所说的"干货",线下课程往往无法满足这个要求。比如,某公司针对客服部开了一门《客户异议沟通》的课程,课程内容的结构如下所述。

第 1 节　客户异议沟通的意义

第 2 节　客户异议沟通的方法

第 3 节　客户异议沟通的案例

第 4 节　异议沟通中常见问题

整个课程录制下来 50min 的视频,放到 E-learning 学习平台,点击量和坚持听完的人都很少。在线学习的内容必须"去水分",只留"干货",直奔主题。经过对《客户异议沟通》课件的深入分析,我将主要内容提炼出来,形成了《客户异议沟通 4 步法》,简单明了。

第 1 步、肯定安抚。先肯定、顺应、安抚对方情绪并举例。

第 2 步、说明原因。说明问题背后的原因，获得谅解并举例。

第 3 步、转移话题。转移话题，回避矛盾并举例。

第 4 步、提出建议。向客户提出建议，给予帮助并举例。

直截了当地说出 4 步法，每一步都举一个例子。50min 的线下课程浓缩成了 8min 左右的线上视频，点击量和评价量都大大提高。

3. 趣味性

Online 学习内容的第 3 个特点就是趣味性，缺乏趣味的内容，一定会被淹没在互联网的信息浪潮里。大多数没经过重新制作的线下课程，直接上传到网络学习平台是非常枯燥无味的。比如，一些制度宣贯类的课程，如果只是宣读，几乎没有什么人听得下去。如何让枯燥的课程变得充满趣味？我曾将枯燥无味的《公司管理制度》制作成动画配音对话。

新员工：××老师，请问新员工的试用期多长呢？

老师：根据公司管理制度规定，试用期一般为 1 个月，根据个人表现情况，可以申请提前转正。

新员工：××老师，请问新员工该如何转正呢？

老师：根据公司管理制度规定，新员工转正需要填写《员工转正申请表》，并经过直属上级审核和部门主管审批。

新员工：××老师，如果没来上班，又没有请假怎么办呢？

老师：根据公司管理制度规定，员工无故缺勤，没有向上级请假的，会计为旷工，旷工 1 日，将扣除当日工资，并进行通报批评。

……

通过这种形式把枯燥无味的《公司管理制度》变成了有趣的配音

对话，就像新员工问老员工一样的场景，这样一来，观看的人就越来越多了。

面对日益紧张的医患关系，我曾给一家医院做医患沟通的培训，我将医患沟通的话术，做成对话图文，连续一个月，每天向医生推送一张图，一张图就是一个场景的沟通对话，如图 5-1 所示。通过这样的形式，很多医生都提高了与病人的沟通能力。

图 5-1　医患沟通话术

O2O（线下线上）混合式培训

O2O 混合式培训的培训形式将传统课堂与电子化学习的方式进行结合，整合设计员工的学习过程，让学习不再局限在课堂上。企业为什么要进行线下线上混合式培训？因为通过线下线上相结合，可以达到 1+1＞2 的效果。线上培训大数据、个性化的优势弥补线下课程定点、定时和定人的不足,同时也能打破线下培训的时空限制,提高教学的效率。对线上培训来说,将线下培训中良好的师生互动和学习氛围的营造结合进来,再辅以大数据筛选更优质的教学内容和教师资源,能更好地将线上和线下培训两者的优势相结合。这种混合式的培训方式既发挥了培训管理者引导与启发的主导作用,又充分激发了学员作为学习过程主体的主动性、积极性与创造性。

O2O 混合式培训具体该如何"混"?在"混"之前,我们首先要明白 Offline 培训与 Online 培训各自的优势和缺点,这样才能在混合学习项目设计中做到优势互补、扬长避短。相对 Offline 培训而言,Online 培训有 4 个方面的优势,我将其概括成 4 个字——"远""快""多""存",如图 5-2 所示。

图 5-2 线下和线上培训的特点

"远"是指不受距离的限制,可以进行远程教学。只要能够连上互联网,通过 Online 学习平台,我们可以在偏远的山村听世界顶级商学院的公开课。由于 Online 学习不受距离的限制，对于那些业务遍布全国甚至全球的公司来说，可以极大地提升培训效率，降低培训成本。比如，华为有很多分公司，有的分公司一年就招 1 个新员工，如果采用线下传统培训，那么不仅培训成本高，培训效率也低。华为大学借助 E-learning 平台可以低成本、高效率地培训 40 多个国家的新员工。

"快"是指便捷，可以随时随地学习。对于业务繁忙的企业来说，每组织一场培训都非常困难，因为员工很少有整块的时间进行脱产学习。而 Online 学习不受时间的约束，学员可以便捷地进行学习，地铁里、咖啡厅等碎片时间都可以利用。这对于业务繁忙的企业来说，是一个很好的培训方式。比如，某医疗机构对于诊所医生的培训，由于病人随时可能需要求医，诊所医生每天都要在诊所坐诊，很难抽出一两天时间进行集中培训。但是，他们每天坐诊时，有时候病人多，有时候又没病人，中间又有大量的闲暇时间。这些闲暇时间就可以被利用来进行 Online 培训。

"多"是指不受场地限制，可以实现大规模学员同步学习。线下课程培训往往受制于场地，大一点的培训场地也只能容纳上千人。但 Online 培训不受场地限制，因此它可以满足大规模学员同时学习的需求。这对于我们做公开课等宣传式培训是非常好的方式，比如，我曾联合贵州微商学院通过微信群直播的方式，实现了 1 万多人的同步收听。

"存"是指知识与经验被储存，不会因为人员流失而流失。传统 Offline 培训，课程结束便完成了知识的交付，知识与经验没有被储存和管理。很多经验也随着员工的离职而流失，什么也没留下。企业构建自己的

Online 学习平台，知识和经验将被储存下来。举个简单的例子，某企业的一个销售精英，在职半年业绩非常好，结果他离职了，新进员工是否可以得到他的帮助？我想很难。但如果通过信息化和在线的方式，结果会有所不同。通过 Online 学习平台打造内训师队伍，让优秀员工将自己的最佳实践经验分享出来，即使这个员工离职了，但是"脚印"却留下来了，这种留痕对企业非常重要。

以上 4 点是 Online 培训的优势，也是 Offline 培训的短板。相对 Online 培训而言，Offline 培训也有其不可替代的 4 个方面的优势。我同样将其概括成 4 个字——"场""训""互""精"。

"场"是指场面的真实感。线下培训更能让学员拥有场面氛围的体验感。为什么我们通过电视可以收看春节联欢晚会，但还是想到现场去看呢？因为现场的体验感是不一样的。

"训"是指训练。线上我们比较容易实现理论教学，但却难以实现对学员的一对一训练。线下培训方式对于强化训练来说则更有优势，我们看到一些"××魔鬼训练营""××天训练改变计划"等，一般都是采用线下教学的方式。

"互"是指互动。线下培训更有利于师生之间和学员之间的互动。线下培训以班级为依托所形成的一个个特定的团体，保证了学员接受教育的同时，也无形中建立起了人际关系的纽带。很多工作多年的人回到学校里去读商学院，不只是为了一纸证书，还为了人脉的建立。同样的，对于某些技能的培训，比如，IT、翻译和美妆等，一起学习的同学之间还能相互介绍工作。

"精"是指精品。线下培训更利于精品教学。企业高层次管理人员眼界、水平和能力都较高，线上单一的"教—学"模式，很难满足他们的需求。而线下培训则可以采用更加丰富的学习方式，比如"头脑风暴""翻转课堂""世界咖啡"和"私董会"等。

明确了 Online 和 Offline 培训各自的优势和短板，我们才能更好地进行混合式培训项目的设计。

新员工入职培训，如何进行 O2O 混合式培训

某医疗管理集团旗下有 6 家民营医院，2018 年营业额近 10 亿元，员工人数有 3000 多人。近几年，医疗人才越来越呈现短缺趋势，员工的流动率也越来越高，特别是护理人员的流动性非常大。该医疗管理集团又处于快速并购扩张中，几乎一年并购一家医院，人员流动和短缺的问题因此表现得更加明显。人力资源部门天天忙着招人，有时候上午刚招进一人，下午就被派进了科室，新员工入职体验感比较差。

新员工入职培训 1~2 个月组织一次，因为人员流动大，零零散散地入职导致培训老师疲于奔命，只好等到 1~2 个月凑足一个班再进行培训。但这样一来，培训工作是简单了，但是新员工入职的体验感就差了很多。新人入职时对公司的历史、文化和制度一无所知，他们对公司的认知大部分来自于科室主任，而大多数科室主任都是技术出身，管理能力欠缺。很多新员工进入科室没有人带教，基本都处于自由发展的状态。很多新人试用期还没到，就选择了离职，公司用人陷入了恶性循环。

在这样的状况下，我开始服务于该医疗管理集团。为了解决新员工入职培训的问题，我采用了 O2O 混合式培训的方式，重新设计了新员工入职培训流程。我将入职培训分为 3 个阶段：入职前培训、入职集训和试用

期带教,如图 5-3 所示。

培训阶段	入职前培训	入职集训	试用期带教
时间	1天	1天	3月
Online 线上	✓ 公司简介 ✓ 企业文化 ✓ 管理制度 ✓ 宣誓仪式		
Offline 线下		✓ 职业素养 ✓ 医疗安全 ✓ 医疗法规 ✓ 服务礼仪	✓ 岗位职责 ✓ 业务流程 ✓ 部门制度 ✓ 工作技能

图 5-3　新员工入职培训

1. 入职前培训

(1) 定义

入职前培训是指已确定试用/录用的新员工,还未办理完入职手续,正式上岗前的培训学习。

(2) 培训目的

- 让新入职员工了解公司的发展历史、现状与未来,凝聚共同的目标与愿景。

- 规范新员工入职流程,增强新员工入职体验感和仪式感。

- 增强新员工对公司文化的了解与认同。

- 让新入职员工了解并遵守公司的管理制度。

(3) 培训内容

- 公司简介（公司的发展史、使命与愿景和未来规划等）。
- 企业文化故事（公司的发展史故事、使命与愿景故事和价值观故事）。
- 公司管理制度（人事制度、行政制度和财务制度等）。
- 入职宣誓仪式（宣读誓词）。

(4) 培训方式

入职前培训采用 Online 培训方式，我把公司简介、企业文化故事、公司的管理制度都录制成了 PPT+语音课程。新员工入职当天，会领到 3 个课程学习卡片。每个课程是一张学习卡片，卡片上有课程二维码，新员工只需用手机扫描二维码就可以进行学习，如图 5-4 所示。

图 5-4 在线学习卡片

为了保证新员工认真地学完课程，发给新员工学习卡片的同时，会附加一张试卷。新员工看完网络课程后，要完成考核，考核结果分为 5 个等级，见表 5-2。入职前培训考试不合格，不能正常办理入职手续，直到通过入职前培训考核。

表 5-2 入职前培训等级考核

序 号	分 数	等 级
1	3 个科目>90 分	优秀
2	3 个科目>80 分	良好
3	3 个科目>70 分	较好
4	3 个科目>60 分	合格
5	有一个科目<60 分，或缺考	不合格

通过 Online 的培训方式，无论当天入职的是一个人还是两个人，或者 10 个人，随时都可以组织培训。如此一来，解决了新员工入职无培训，入职体验感差的问题。但是，还有一些问题是线上培训解决不了的，比如，新员工之间相互融合的问题。还有些需要岗前实训的课程，比如，职业素养和服务礼仪，线上是很难达到效果的。于是，我设计了新员工入职培训的第二阶段——线下集中培训。

2．入职集训

（1）定义

入职集训是指已入职并进入试用期的员工，在 1~2 个月内，由所属单位人力资源部门统一组织的新员工入职集中培训。

（2）培训目的

- 让新入职员工了解所在单位的发展历史、现状、组织架构和管理制度等。

- 规范新员工入职流程，增强新员工入职体验感和仪式感。
- 提高新员工基本职业素养，提高新员工的安全意识。

（3）培训内容

- 领导见面致辞。
- 职业素养与服务礼仪。
- 医疗安全与法规。

（4）培训方式

每月1天新员工集训。

3．试用期带教

（1）定义

试用期带教是指员工转正前，部门组织的岗位技能培训。让新员工在一位导师的指导下开始承担工作。

（2）培训目的

让新员工学习未来实际工作需要的基本素养和技能。

（3）培训内容

岗位职责、业务流程、部门制度与工作技能培训。

（4）培训方式

新员工入职后，在试用期内要完成试用期转正培训，每位新员工在一位导师的指导下开始承担工作。各部门负责人制订科学合理的新员工试用期转正计划培训内容，安排带教老师，并按照先易后难、由浅入深的顺序开展培训，培训方式以实操为主理论为辅，使新员工尽快适应工作。试用期结束后，由导师对带教新员工进行实操考核，并填写《新员工带教评分表》，新员工未通过考核将影响转正，见表5-3。

表5-3 新员工带教评分表

姓名		工号	
部门		入职日期	
项目	选项		评分
1. 工作热情和与精神面貌 着重考核员工在工作中的热情饱满度及健康积极的精神面貌	Ⅰ - 健康、热情，向上 Ⅱ - 热情、精神面貌良好 Ⅲ - 热情饱满度尚可 Ⅳ - 精神面貌热情度一般 Ⅴ - 工作热情有待加强		□ 5分 □ 4分 □ 3分 □ 2分 □ 1分
2. 专业知识/技能 着重考核员工能否熟练掌握相关业务知识	Ⅰ - 专业知识/技能强 Ⅱ - 专业知识/技能良好 Ⅲ - 专业知识/技能尚好 Ⅳ - 专业知识/技能一般 Ⅴ - 专业知识/技能应加强		□ 5分 □ 4分 □ 3分 □ 2分 □ 1分
3. 适应能力 着重考核员工能否适应团队、工作环境和工作模式等	Ⅰ - 适应能力强 Ⅱ - 适应能力良好 Ⅲ - 适应能力尚可 Ⅳ - 适应能力一般 Ⅴ - 适应能力应加强		□ 5分 □ 4分 □ 3分 □ 2分 □ 1分
4. 工作质量 着重考核员工能否恰如其分地把工作做好	Ⅰ - 工作质量强 Ⅱ - 工作质量良好 Ⅲ - 工作质量尚可 Ⅳ - 工作质量一般 Ⅴ - 工作质量需提高		□ 5分 □ 4分 □ 3分 □ 2分 □ 1分
5. 工作效率 着重考核员工能否准时及有效地完成直接上级所指派的工作	Ⅰ - 工作效率强 Ⅱ - 工作效率良好 Ⅲ - 工作效率尚可 Ⅳ - 工作效率一般 Ⅴ - 工作效率需提高		□ 5分 □ 4分 □ 3分 □ 2分 □ 1分

（续）

项目	选项	评分
6. 工作成果（任务完成） 着重考核员工能否按要求及时创造条件、不找借口地完成工作甚至超额完成	Ⅰ - 工作任务完成超额 Ⅱ - 工作任务完成良好 Ⅲ - 工作任务完成尚可 Ⅳ - 工作任务完成一般 Ⅴ - 工作任务完成需提高	□ 5分 □ 4分 □ 3分 □ 2分 □ 1分
评价	□优秀 □良好 □尚可 □一般 □较差	平均分
导师签字		部门负责人签字

Online 功能不在多，而在简便易行

搭建 E-learning/M-learning 学习平台时，很多培训管理者习惯性地追求功能齐全，包括在线签到、在线考试和在线监测等，生怕有一项功能没有想到。但是，当我们真正执行的时候发现，80%的功能最后都没有用起来，反而把网络学习平台做复杂了。我们知道，越复杂的事情就越难以执行。比如，当我们看到一个感兴趣的课程，但是点击进去后发现需要先注册账号，注册时还需要通过邮箱验证等，太麻烦了！中途很多人可能就打了退堂鼓。即便在线学习平台的功能再强大，可在吸引用户的第一步就输了。而有些学习课程通过一个链接转发到微信朋友圈，别人点开链接，通过微信账号授权登录即可一键直达，简便易行。功能不是越多越好，而是越容易操作越好。

有的培训管理者说："选择 Online 学习平台前，我们明明每家供应商拿了 10 个账号，找了十几个人试用，为何全面推广就推不动呢？"只拿到几个账号，只是几个人试用，就能证明线上学习系统在公司能运营起

来？这个逻辑不对！培训部门选的几个试用者，往往都是公司里面的积极分子或认识的人，起码是能影响到的人。无论你推什么，他们就算是为了面子，也要用起来，毕竟谁也不愿意给别人留下不好学的印象。这几个积极分子用得好，不代表这个线上学习系统适合公司。

导入企业的 E-learning/M-learning 学习平台之前，培训管理者可以先引导全员用一些免费的在线培训工具。比如，做培训需求调查可以用问卷星；学习报名可以用麦客表单；传播课程可以用易企秀；在线课程直播可以用千聊、微吐课和魔学院等，见表 5-4。通过带领全员进行"触网"的尝试，才是对组织 Online 学习真实情况的反馈。

表 5-4 在线培训工具

模块	平台	功能
调研测试	问卷星	问卷、考试
课程报名	麦客表单	报名统计
课程传播	易企秀	邀请函、H5
课程直播	千聊、微吐课	PPT+语音+视频

拥有引爆在线学习的爆款课程和让员工形成在线学习的习惯是导入 E-learning/M-learning 学习平台的必要条件。通过使用这些免费的在线学习平台可以实现 3 个目的。

1）打造几门在线爆款课程。把在线课程直播的链接发到公司的微信群里，让员工自己学习。如果有超过半数的人学习，有几十条好评，说明这个课程是可以作为爆款推广的。

2）让员工形成在线学习意识。通过零散地、点状地推送线上学习课程，让员工逐渐形成在线学习意识。

3）培训管理者可以在在线学习的尝试中找到关键点和问题点，从而在推广企业自身的在线学习平台时，规避一些问题和障碍。

当企业具备了一些爆款课程，同时员工也形成了在线学习的意识，培训管理者也进行了在线学习项目的预热后，这个时候再来推出企业线上学习系统会容易得多。

Online 还是 Offline，你需要分析这 4 点

Online 培训在企业培训中扮演着越来越重要的角色，但什么样的培训课程更适合采用 Online 培训方式？Online 培训如何与传统面授优势互补？从而为员工提供更有效的培训，我们需要分析 4 点，如图 5-5 所示。

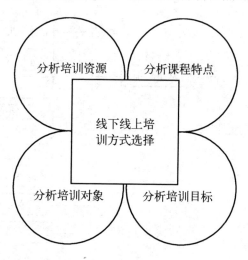

图 5-5　线下线上培训方式选择

1. 分析培训资源

企业是否具备充足的培训资源，如培训的师资（内部讲师和外聘讲

师)、培训的预算、培训的组织和培训的场地等。学员的地理位置分布是否容易组织培训,学习时间与工作时间是否可以合理的安排等。如果企业的培训需求量大,需要众多的培训讲师,花费大量的成本,而且以传统面授形式进行培训,在培训资源方面难以全面满足员工的培训需求,线上学习的方式就能够弥补传统面授方式的短板。

2. 分析课程特点

标准化的课程可以通过文字、图片、音频和视频等方式展示给员工。一般可以选择 Online 培训方式,让企业员工随时随地进行学习,如企业历史、文化、愿景,企业规章、制度,员工岗位职责,责任与权限等。而非标准化的课程,如工作技能培训、新技术培训、人际关系与沟通协调和职业素养与礼仪等,则倾向于通过 Offline 讲授,以户外拓展训练、专题研究、新员工导师制等方式进行,如图5-6所示。

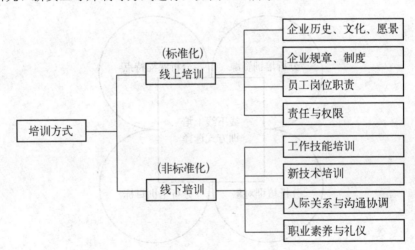

图 5-6 标准化与非标准化课程

3. 分析培训对象

从在线(E-Learning/M-Learning)培训形式的学习对象来看,企业的中基层员工和中基层管理者对在线学习的接受程度会比中高层管理者的更高一些，企业的中高层管理者更适合面授、研讨会或参加外部的公开课培训。企业的一线员工相对都比较年轻，更容易接受新事物，他们具备良好的计算机技能，更容易接受 E-Learning/M-Learning 的培训形式。

4．分析培训目标

采用 Offline 还是 Online 的方式进行培训，还要从课程的目标来分析。课程目标有 3 个层级：记忆与理解、掌握与运用和分析与创新。

1）记忆与理解：记忆培训课程的内容和主要知识点，理解领会并能作简单的解释。E-Learning/M-Learning 可以很好地达到这个目标，考虑培训成本、组织管理等因素，建议采用 E-Learning/M-Learning 形式进行培训。

2）掌握与运用：能够掌握并运用课程所教导的技能技巧，主要以技能课程为主。Offline 和 Online 在培训的表现形式上各有千秋，此类培训课程可综合考虑课程的培训形式，再决定采用哪种培训方式，或采用 O2O 混合式培训。如果以讲授、案例分析和技能模拟为主的课程可以采用 E-Learning/M-Learning 的形式，而以游戏、互动、演练、分享和情景模拟为主的课程，则以线下面授为佳。

3）分析与创新：通过课程学习，培养学员对现象背后的规律、规则的分析能力，让学员具备在某领域创新的能力。这类注重能力的培养目标，线下面授比在线培训更适合，但测评、考核和标准内容等可以结合在线的方式辅助进行。

第 6 章　M-learning 微课

微课，不只是时间短的课

微课这个概念被频繁提及已经有好几年了，但具体什么叫微课？好像并没有一个明确的定义，从最早的在线课程，到近年流行的语音课程，再到近期流行的短视频，似乎都可以被称之为微课。有些人认为微课就是时间短的课，我认为这种认知是错误的。时间短只是微课其中的一个特征，而非本质。我曾经遇到一个培训师，他听说微课的最佳时间是 8min，于是用视频剪辑软件将一个 2h 的线下课程视频《商务礼仪》裁剪成 15 个 8min 的小视频，分别命名为"商务礼仪 1""商务礼仪 2""商务礼仪 3"……然后上传到 M-learning 学习平台，认为就完成了传统课程的"微课化"，这样的做法简直贻笑大方。

那么，到底什么才是真正的微课？微课是以知识点或技能为单位，以集中解决某个问题为主要目标的、短小精悍的微型课程形式。那么请注意，微课不是以时间为单位，而是以知识点或技能为单位，即每一节

第 6 章　M-learning 微课

微课要讲清一个知识点或技能,以解决某个问题为目标,把 2h 的视频裁剪成 15 个 8min 的视频是以时间为单位。比如,逻辑思维 60s,每天 60s 讲的都是一个知识点,而不是把一个大的知识点裁剪成每天 60s 播放。时间短是微课在移动互联网上满足人们碎片化学习需求的外在形态。

1. 微课的特点

- 内容短小精悍,以知识点或技能为单位。
- 以集中解决某个问题为主要目标。
- 时间较短,通常在 5~10min。
- 一般是 Online 学习形式。
- 内容有趣且吸引人。

通俗地说,微课就是"在网络上,用最短的时间,有趣地表达完一个知识点或解决一个问题"。既然要用最短的时间(一般 5~10min),那么我们就要让知识和问题的颗粒度变得足够细,以保证在短时间能够讲完。比如,《沟通技巧》这个知识点就比较大,可能讲 1 天也未必能讲完。那么,沟通技巧又可以分解为《如何与孩子沟通》《夫妻之间如何沟通》《朋友之间如何沟通》《如何与上司沟通》等。这样一分解,这个话题又小了很多,但是要满足 5~10min 的课程还是不行,比如,《如何与孩子沟通》可能讲 2h 也讲不完。那么就需要进一步细分,比如,《让孩子乖乖去写作业的沟通方法》描述了一个具体的小问题和小知识点,就能够在 5~10min 讲解完了。

2. 微客的内容

什么样的内容适合做成微课?

- 传授一个小知识。

- 介绍一个技能、方法。
- 解决一个小问题。
- 分享一个小经验。
- 说明一个道理。
- 宣传一个产品或政策。

微课并不是将传统的大课视频裁剪成若干小视频，而是将传统大课的大知识点和大问题，分解成一个一个小知识点和小问题，每一个小知识点和小问题都是一个微课。最后让学员就像吃"葡萄串"一样，一颗一颗吃完，整个大知识点就被掌握了。所以做微课的过程，其实是一个做减法的过程，即如何用简单的方式表达完一个知识点，同时还生动、有趣、吸引人。

3. 成功微课的标准

成功微课的标准是是否有"干货"，即学员听课之前并不知道这个内容，当他学完微课之后能去实施某个行为，且这个行为是有效果的。

比如，传统讲 Excel 的课程一般是大课集训模式，而在抖音短视频 APP 上如何讲 Excel 呢？抖音短视频每一条只有 15s 的时间。有个"Excel 技巧"抖音号将 Excel 技巧分解成若干个小技巧，例如，"如何快速求和？""证件照如何蓝底换红底？""Excel 小抽奖""小写金额转大写""一键群发工资条""快速对销量排名""快速找到重复值"等。每一条抖音讲一个 Excel 小技巧，短小精悍，15s 就可以学习完一个小技巧，满足了用户碎片化的学习需求。同时，每一个 Excel 小技巧都是结合职场中的工作场景，比如"一键群发工资条""快速对销量排名"等，内容实用、有趣且吸引人，这就是一个成功的微课范式。

第 6 章　M-learning 微课

制作微课的 6 个误区

虽然我们很多人已经在接触微课，甚至在尝试制作微课，但是很多人对微课的认识至今仍存在诸多偏差。归纳起来大致有以下 6 个误区。

1．线下课程"搬家"

直接将传统的线下大课拆解成微课，仅仅是缩短了教学时间，比如，将 2 天的课程变成半天的课程，把 2h 的课程裁剪成 4 段 30min 课程。或者，只是改变教学渠道，从线下变为线上，这就是从线下到线上课程"搬家"的模式。微课要针对合适的选题，进行重新设计，尽量避免采取这种课程"搬家"的模式。

2．选题假大空

很多微课开发者基于以往的经验，把传统课程的开发方法照搬过来，选题比较大，例如，《培训授课技巧》《有效沟通技巧》等。这样做的结果，要么是篇幅很大，要么为了压缩时间什么都讲不明白。还有些选题没有真正实质性的内容，没有解决任何问题，显得空洞乏力，比如，《模式的较量》《品牌的力量》等。微课适合讲清楚一个知识点、问题或观念，要求简单、明确和具体，最好具有特定的场景和精准的目标人群定位。

3．文字越多越好

很多讲师在传统授课中，习惯把所有要讲的文字都堆到 PPT 上，上课就是念 PPT。这种方式在线下还勉强能过得去，但是作为微课很不可取。用有限的手机屏幕来看大量的文字内容，体验很糟糕。如果你觉得确实需要大量的文字，那么，可能要重新审视自己的选题，看它是否适合用微课形式来呈现，或者需要将其拆分为若干门微课。

4. 微课只是讲课

微课一定要讲课吗？我们很多人都认为微课就一定是讲授的模式。很多微课只有一个老师在讲，授课内容枯燥，干讲道理，甚至连字幕也没有，缺乏生动的案例和形象化的表述。微课以传达一个知识点或解决一个问题为目的，并不一定是讲授的模式，有时候，一张图、一个动画可能效果更佳。简单步骤操作类的，可以用图文并茂的流程图来表达，而一些用文字描述很困难的技能或操作，则可以选用视频等。我们要根据学员对象、学习内容、培养目标以及具体情景，选择不同的表达和呈现方式。

5. 内容杂乱，毫无逻辑

由于每门微课只有 3~5min，因此要保持简洁，只能围绕一个知识点、技能点或问题点进行设计。所选内容应该围绕一条主线，由清晰的结构来呈现，这样才能达到有效的教学效果。

6. 内容多、时间长

在有效的注意力时间内，传递过多的学习内容，只会适得其反。实践表明，3min 左右的微课更容易吸引学习者的注意，超过 5min 的微课必须有更为精彩的内容和设计，才能有效地吸引学习者。如果要传递的内容确实很多，可以通过系列微课的方式，千万不要企图将所有内容都"塞"到一门微课中。

做微课，就像做产品说明书

很多人不知道如何做微课。要么做得很复杂，学员记不住；要么做得晦涩难懂，学员不知所云；要么做得毫无逻辑，学员不知如何行动。成功的微课要看它是否是"干货"，即学员上课之前并不知道这个内容，当他

第 6 章　M-learning 微课

学完微课之后能去实施某个行为，且这个行为是有效果的。微课内容导入要开门见山，因为时间限制，不允许过多铺垫。微课的主要作用是"解惑"，"解惑"就要围绕"惑"点解释清楚，跟平时的课堂教学不一样，不能用平时课堂教学的方法来套微课。

好的微课就像产品说明书一样，简洁实用，一看就懂，人人都能照着做。比如，灭火器产品说明书中介绍灭火器的使用方法：第一、提，提起灭火器；第二、拔，拔下保险销；第三、压，用力压下手柄；第四、扫，对准火苗根部扫射。每一步都配上示意图，人人看完后，照着图示都会做。"乐高玩具"的产品说明书更厉害，一个"乐高玩具"需要几天甚至十几天才能拼接完成，然而五六岁的小孩，只要一步一步照着"产品说明书"去做，就能准确无误地完成任务。

好的微课具有产品说明书一样的特性。

1）获取信息与知识的直接性。产品说明书摒弃了冗长的铺垫，挤去了多余的水分，直接让用户了解产品的知识。

2）获取信息与知识的需要性。产品说明书可以帮助用户利用有限的时间首先学习最需要组装与维修的知识，这些知识是非常有价值的。

3）获取信息与知识的便捷性。产品说明书可以随时帮助用户，解决用户在产品使用中的困惑。

4）获取信息与知识的有效性。产品说明书能在短时间内使用户获得知识或技能，并转化为有效行动。

比如，我们要做一个关于"极致服务"的微课，大多数人可能会泛泛而谈。学员学完后，感觉有道理，但在行动时却无从下手。如何将"极致服务"做得像产品说明书一样？有这样一家公司，将"如何做好服务"做成了"极致服务七字咒"，它就是足力健老人鞋。到 2018 年，足力健老人鞋门店数量突破5000家，在这样一个庞大的"直营+加盟"连锁门店体系里，怎样简单地把"如何做好服务"给员工讲清楚，并且落实到员工的行动中？

　　足力健老人鞋总结了7个字：问、拿、跪、摸、试、买、送。7个字分别代表接待客户的7个动作，其中最重要的就是"跪"——半跪式服务，把企业对客户的关爱和尊重可视化地表达出来。它定义了鞋服行业半跪式服务的标准，让服务变得可视化，也让全国5000家门店的服务做到了统一可复制。为了方便员工记忆，足力健老人鞋还把7个字做在了卡片和手机壳上，让员工能随身携带和学习。足力健老人鞋还将这7个字编成一首歌曲来传唱。

　　　　《极致服务七字咒》歌曲歌词
　　　　足力健人个个要牢记，极致服务就是七字咒；
　　　　第一问清需求有必要，买给谁穿真的很重要；
　　　　第二拿鞋一次拿两双，主推旗舰单价才能涨；
　　　　第三服务单腿要下跪，右腿膝盖着地不怕累；
　　　　第四我来脱鞋摸脚型，辨辨脚型有没有脚病；
　　　　第五试穿一定两只脚，一起穿上走走体验好；
　　　　第六买单引导加微信，过节问候时常暖人心；
　　　　第七面带微笑送客人，鞠躬到位动作不能省；
　　　　七字咒语人人要记牢，互相监督切莫忘记了；
　　　　七个步骤条条要记清，要让老人得到真关心；
　　　　足力健人个个要牢记，极致服务就是七字咒。

　　足力健老人鞋做"极致服务"的课程培训，就像做产品说明书一样，极大地降低了知识传播的成本。通过对员工的服务培训，让消费者感受到了不一样的服务体验，从而将关爱老人的企业文化真正落地。

M-learning 微课不只是课，它更像一场微电影

相对于传统线下大课来说，M-learning 微课不只是课，它更像是一场电影或演出，它的首要目标是争夺学员的注意力。在课程选择的主动权上，传统线下大课是采用相对封闭的教授模式，无论学生爱不爱听，老师都有一定的强制办法，但是，线上微课选择的"开关按钮"在学员手上，如果内容枯燥乏味，学员可以立马"关闭"或"划过"。

如何吸引学员的注意力？我们可以通过图片、动画、音频和视频等形式向人们讲述故事，传播知识。大部分学员对故事的记忆更深刻。故事中包含了对象、冲突、要解决的问题、要实现的目标，以及紧张状态的激发和舒缓。我们需要聚焦以下 3 点：学员、任务和需要解决的问题。

聚焦学员，就是你需要知道，你的目标学员是谁，换言之，你的微课是做给谁看的；聚焦任务，就是你需要明确，微课是要教会学员什么；聚焦问题，就是你需要清楚，微课需要解决什么典型问题。如何设计一个故事型微课？我总结出引、铺、转、揭、合 5 个步骤，如图 6-1 所示。

1）引，是指"吸引"。微课开头要快速吸引目标对象的注意力，一般的方式是，抓住学员的痛点，直截了当地戳痛点，比如，"掌握这些词汇，雅思托福考试不用怕了"。

2）铺，是指"铺垫"。铺垫人们习以为常的认知或者常识，这种习以为常的认知有可能是错误的。比如，有些人认为"微课只是时间短的课"。

3）转，是指"反转"。微课需要有戏剧性的冲突和反转，超越一般学

员的认知,使人产生豁然开朗的感觉。比如,线上课程不是线下课程"搬家",而是要基于在线教育的特点,制作符合在线教育特点的课程。

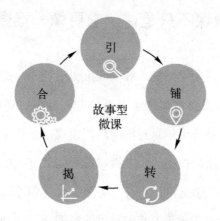

图 6-1　故事型微课的 5 个步骤

4)揭,是指"揭开"。揭开谜底,提出新的见解或者方案。

5)合,是指"总结"。就是最后结束的时候,对课程内容进行总结。

很多微课的设计从提问题开始,然后分析问题,引入学员的互动,最终在微课中帮助学员解决问题。

举例如下。

[引]一辆汽车高速行驶中紧急停下,4 个轮胎已经不能再用,需要立即更换 4 个新轮胎;汽油已经耗尽,需要马上加满。完成这些工作总共只有 6s 的时间。这个任务可能完成吗?

[铺]很多人会认为这是无法完成的,但我告诉大家,F1 赛车维修站的工作人员可以完成。

[转]那么,他们是如何做到的呢?

[揭]这项看似不可能完成的任务是由 22 名工作人员协作完成的。他们各有分工,且工作环环相扣:1 名工作人员负责加油管、1 名工作人员

负责灭火器、1名工作人员负责加油枪、1名工作人员负责加油机、1名工作人员负责前千斤顶、1名工作人员负责后千斤顶、1名工作人员负责当赛车前鼻翼受损必须更换时需要用的千斤顶、1名工作人员负责检查发动机门回复机构的高压气瓶、1名工作人员负责调整定风翼、1名工作人员负责举牌和用无线电与车手联系，还有12名工作人员负责更换轮胎，每个轮胎有3名工作人员负责——1名工作人员负责拆、装螺钉，1名工作人员负责拆下旧轮胎，1名工作人员负责安装新轮胎。

[合]从这个案例可以看出，良好的团队分工与协作，可以完成个人难以完成的任务。

在微课设计中，巧妙的提问可以有效激发学习兴趣，同时还能够统领学习内容，引导学习思路。提出一个问题比解决一个问题更重要，思维自疑问开始。提出问题是学习的开始，解决问题是学习的最终目标。当学员看到一个问题时，会不自觉地启动思考模式。

微课就像一场微电影，除了引、铺、转、揭、合的结构设计，还要注重节奏的紧张状态激发和舒缓，要让人感受到情绪。以上面的故事为例，微课的节奏是这样设计的，见表6-1。

表6-1 微课的节奏设计

节奏	引	铺	转	揭	合
时间	20s	10s	5s	35s	10s
要点	语气加重 吸引眼球	快速陈述 铺垫常识	语气加重 产生好奇	快速陈述 揭秘答案	语气加重 提出结论

一部经典的电影，能被人们记住的多是它的内容而不是技术。针对微课来说也是一样，技术对于微课视频是锦上添花，而真正好的微课，核心

是内容。好的内容大多站在学员视角，用学员的语言说话。

微课标题取不好，内容好也枉然

你有这样的困惑吗？做出一个超棒的课程内容，但点击观看和传播量却少得可怜，那可能是因为你的标题取得太普通了。绝大部分用户正式学习微课内容之前首先是通过其标题来判断与取舍的。一个好的标题，能够吸引学员的眼球，能够引起学员的兴趣，能够激发学员的好奇心与求知欲。

传统线下课程习惯采用"科目式"命名方法，比如，《跨部门沟通技巧》《销售方法》《PPT 制作》等。这种"科目式"命名方式能够让学员清楚地了解课程的内容，但是放在线上就欠缺吸引力。在互联网上，吸引眼球有时候比内容本身更加重要。我曾经给一家上市公司优化微课学习平台，其中一门《PPT 制作》课程很少人点击学习，我把标题改为《如何像导演一样做 PPT》，并配了一张图片，点击量迅速飙升，如图 6-2 所示。

好标题会给人一种"陌生的熟悉感"，即将常见的事物，或比较热的影视剧、广告等作品与课程知识点相结合，形成有趣的标题。例如，《PPT 制作》是大众都非常熟悉的课程标题，如果取这个标题就很普通，毫无吸引力。如果植入一个新的概念"像导演一样做 PPT"，就有了一种"陌生又熟悉"的感觉。好标题还要用字简洁，标点符号要用到位。标题中的标点符号是很能煽动情绪的，其中最厉害的当属问号、感叹号和省略号。问号可以拉近距离，感叹号可以提高警觉，省略号可以引人思考。

第 6 章　M-learning 微课

图 6-2　如何像导演一样做 PPT

其实每个课程都有一个可以表达的点。这个点一般集中满足了某个需求，即对应了某个痛点或者痒点。只要把这个点找准，然后在标题中告诉观众你的内容可以解决他的痛或者痒就可以了。要避免分散标题的攻击力，把一个点说透比笼统地谈论一个主题更能引起别人的兴趣，越具体越能激发欲望。

如何取好一个微课标题，可以参考以下 12 种方法。

1）疑问式。传播一个知识点或解决一个问题，提问能激发观众的好奇心，营造与观众的互动感。

举例如下。

原标题：《看了很多书却没有洞见的原因》。

修改后：《为什么你看了很多书，却依然没有洞见？》。

2）合集式。对知识点的总结，比如，6种方法、5个建议等。合集的好处在于它的归纳总结性强，看1篇抵过单独看5篇，数字的堆积也给人冲击感和饱腹感。

举例如下。

原标题：《简历制作方法》。

修改后：《如果你的简历石沉大海，看看这8个方法》。

3）时间式。体现课程获得收益的时间节点，降低学习者的畏惧感，传递简单习得和立马速成的感觉，比如"5分钟学会看血常规化验单""3分钟学会识人""14天成为营销策划高手"等。

举例如下。

原标题：《客户拜访话术》。

修改后：《30分钟，彻底掌握客户拜访方法》。

4）对比式。通过现象和案例的对比，让观众产生好奇或兴趣。

举例如下。

原标题：《文案写作方法》。

修改后：《月薪3000与月薪30000的文案写作区别》。

5）背书式。"背书式"也称为"抱大腿式"，即标题上冠以专家、名企、明星和名人等词眼，让观众产生学习兴趣。

举例如下。

原标题：《知名企业培训方法》。

修改后：《京东如何培训6万员工？》。

6）最体式。通过使用"最新""最全""最好""最强"等词汇能给人

第 6 章　M-learning 微课

急迫感，引起观众兴趣。

举例如下。

原标题：《工作计划表》。

修改后：《史上最好用的工作计划表》。

7）揭秘式。探究秘密是每个人的本性，每个人或多或少都有种想知道秘密的欲望。看到揭秘式标题，观众会很好奇，很想点击进去获知答案。

举例如下。

原标题：《网店手机销售方法》。

修改后：《揭秘：网店一天卖出 800 台手机的销售方法》。

8）热点式。结合当下热点的标题更接地气、更受欢迎。而借热点发挥也能让观众知道你的微课是前沿的、与时俱进的。

举例如下。

原标题：《英语词汇》。

修改后：《掌握这些词汇，考四级不用拜锦鲤！》。

9）训导式。通过训导式的口吻，标新立异，引起观众的自我反思，从而达到吸引观众学习的目的。

举例如下。

原标题：《PPT 制作》。

修改后：《别告诉我你会写 PPT》。

10）速成式。标题里体现"立马速成"的法则容易引人关注。例如，"3 招轻松学会文档目录自动生成技巧！""职场新人如何快速草拟领导讲话稿？"等。

举例如下。

原标题：《部门运营管理》。

修改后：《一张表，做好部门运营管理》。

11）场景式。所谓的"场景"，指的是在特定的情景下用户的心理活动以及可能会做出的行为，如果我们把用户场景植入标题，会让人心生联想。

举例如下。

原标题：《招聘方法》。

修改后：《招人难？试试这两种方法！》。

12）福利式。标题中带有提醒观众观看微课有福利的暗示，能够让用户得到经验、"干货"和好处。

举例如下。

原标题：《年度工作总结方法》。

修改后：《有如此棒的模板，你还怕做年度工作总结？》。

当然，以上所讲的前提是微课有个好内容，或者"干货"满满，或者拥有戏剧冲突，或者事件本身颇具话题性。否则标题取得再好，课程食之无味，也是没用的。

金字塔：微课内容的结构设计

微课就是要在最短的时间内讲完一个知识点，或解决一个小问题。既然是在最短的时间内充分发挥微课的威力，不仅需要选准"爆破点"，而且需要精心设计微课的结构，用最简单的结构和最简洁的语言来将内容表达清楚，使其在短时间里爆发出巨大的能量。微课要用清晰的结构和简洁的语言来表达，时长不宜超过 10min。为什么会有这样的标准？因为用户很难长时间保持注意力，一般 10min 左右最佳。如果内容超过 10min，则需要考虑精简。

那么，微课的结构设计有什么诀窍吗？"金字塔"结构是一种简单而清晰的微课结构设计方法。"金字塔"结构指的是任何事情或知识都可以归纳出一个中心论点，而此中心论点可由若干个论据支持，这些一级论据本身也可能是论点，被二级的若干个论据支持。如此延伸，会呈现出金字塔的形状，能让我们在最短的时间内理清思路，找到重点，如图 6-3 所示。

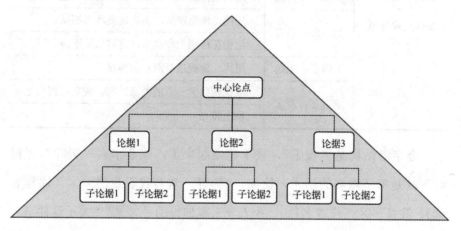

图 6-3 "金字塔"结构

比如，《三分钟看懂血常规化验单》以"普通百姓特别是老年人如何看懂血常规化验单"为主线，以设问"这是一张血常规的化验单，这么多文字和符号，该从何看起呢？"引出学习主题（中心论点），然后讲述问题的答案（论据）。第一步，看状态栏是否有箭头，以此判断是否存在异常项目。第二步，看异常项目是哪些，这些项目跟什么疾病有关。第三步，看异常指标的异常程度，判断疾病的严重性，这就是金字塔结构。

我曾给一家医疗机构做培训，就是运用"金字塔"结构来梳理微课知识。抓住每一步的关键要点，通过"金字塔结构"把复杂的知识梳理成清晰、有条理的课程内容，并录制成微课，见表 6-2。通过金字塔结构的梳理，医院内的每个知识点都变成了一个个简单易操作的微课。

表 6-2　如何处理普通伤口

中心论点	论据	子论据
如何处理普通伤口？	第一步：止血	抬高伤肢
		用消毒棉纱压盖在伤口上
	第二步：清洗	用棉花棒蘸生理盐水，清洗伤口至完全干净
	第三步：消毒	用棉花棒蘸碘伏，由内向外环形擦拭
		用棉花棒蘸生理盐水，将碘伏洗干净
	第四步：上药	用棉花棒蘸适量消炎药擦拭
	第五步：覆盖	取比伤口大一点的消毒纱布，覆盖在伤口上
		粘上胶布

　　金字塔结构是"枝干"，枝干建立起来了，就要丰富"树叶"，"树叶"就是每个内容的话术，比如，"你好，欢迎收看我的××（课程名称），我是××（作者名称）。今天我来跟你说的是××""关于这件事，我会从三点来讲：第一是……第二是……。好，我先来跟你说说第一点……刚才说是……接下来我们看看第二点……"等。

　　每个部分内容的过渡，要有导航话术。比如，"今天是第×讲。上一讲我们讲到了×××，我们今天继续讲×××"。导航的意义，就是让用户清晰知道今天学习什么内容，跟上一讲的关系如何，以及他处于全年学习的什么阶段。快速帮助用户在"金字塔"结构中找到坐标感。同时导航也能让观众更好地坚持下去。好比我们平常坐电梯时都有清晰的到达楼层的指示，使我们比较有明确的目标感，可预计自己多久可以下电梯，自然也就容易进行下去。

第7章 课程产品化

课程是产品,学员是用户

有些公司只要开展培训,业务部门就会怨声载道;只要组织员工分享,所有人都会低头不说话,培训课程根本无法推行。该怎么办?或许你还在用传统的思维做培训。互联网时代,做培训必须建立产品化思维,课程是产品,学员是用户,即把课程包装成一款产品推送给目标客户。培训管理者不仅仅要会组织培训,更要有营销思维。培训管理者要知道服务的用户是谁,用户的需求是什么,如何不断地满足用户需求,在满足需求的过程中不断地迭代课程,创造更多的用户价值。

课程产品化就是以交付用户价值为目标,通过洞察、分析、定位、设计、运营、反馈和迭代等手段包装培训课程产品的过程。课程产品化有4个特点:清晰的用户定位、明确的任务与场景、以交付用户价值为目标和持续迭代,如图7-1所示。

1. 清晰的用户定位

为什么要这个课程(产品)?这个课程(产品)给谁使用?这个课程对组织和个人有何价值?清晰的用户定位是课程产品化的第一特点。很多课程并没有清晰与明确的定位,没有相对精准的目标受众。比如,一个医院的礼仪培训,不同的对象学习的内容是不一样的,医生需要掌握的是"接诊礼仪",护士需要掌握的是"护理礼仪"。如果不细分岗位族群,那么培训内容和案例就没有针对性,最终导致谁听了都没感觉。目标用户定位的第一步就是"目标人群细分"。我们可以按照以下几种方法细分目标受众。

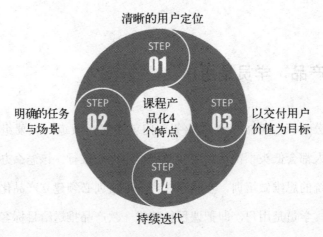

图 7-1　课程产品化 4 个特点

1)按岗位族群细分。比如,医院分为"医生""护理""医技""行政"等岗位族群,针对每个岗位族群进行课程开发,并将课程产品化,例如,"优秀护士长训练营"。

2)按管理层级细分。比如,一个制造业可以分为"总裁级""总监级""经理级""课长级""班组长级"等层级,针对每个层级进行课程开发,并将课程产品化,例如,"班组长特训营"。

3)按时间序列细分。不同岗位在不同阶段所需要的知识会有差异。对某一岗位或层级做课程开发就需要明确这门课程适宜在该岗位哪个阶段进行学习，是刚入职 3 个月内，还是入职满一年有一定工作基础后再学习。

4）按评估结果细分。同一岗位或层级，不同的人员，个人能力存在较大的差异，有的人完全胜任本岗位工作，有能力挑战更高层级的任务，需要接受更高层级的知识培训；而有的人则不能胜任本岗位工作，需要对本岗位所需要的技能进行加强培训。

2．明确的任务与场景

人群确定后，要分析这群人在工作中有哪些关键任务，每一个岗位都会有一个或几个最关键的核心任务，例如，销售有开拓客户、拜访客户、维护客户等关键任务。围绕任务还要进一步明确场景，即便是同一任务，不同的场景，学习的内容也可能会有很大的差异。以"沟通"这个话题作为例子，想想看，销售人员的沟通和财务人员的沟通一样吗？显然是不一样的，他们在工作中的情境不同，需要解决的问题也不同，怎么能够用同样的知识来解决他们不同的问题？同样是沟通，在不同场景下与不同的对象的沟通差异也很大。

3．以交付用户价值为目标

课程产品化还有个特点是以交付用户价值为目标，交付课程并不一定交付了用户价值。比如，你去帮学生补习，你天天准时去、准点回。也不问学生哪些内容不懂，也不给学生做一个比较有效的学习方案，更不告诉其学习方法。每天去就是把课程上完，这就是交付课程，但并未交付用户价值。交付用户价值就是要发现用户的价值需求，从而提出解决方案。比如，针对护理人员的盘点，发现有三分之一的护士对"打针穿刺"的技能还不是非常熟练，于是针对这三分之一的护士开展一个"打针穿刺"的专项培训，这个课程就是以交付用户价值为目标来设计的。

4. 持续迭代

一个产品的出现，可能是源于某个想法，或者源于公司某方面的资源，但不管是什么样的原因，刚刚出现的一个产品，离真正的好产品还有很远的距离。有人会说，我的产品是基于多少调研，历经多长时间打造的，所以它是完美的。但做过产品的人一定不会否认两件事：一、真实的用户需求是在用户使用产品的过程中不断被发现和满足的；二、用户总会有新的需求。也正是基于这两点，我们说好产品不是从无到有的创造，而是从有到优的迭代。如今用户放弃的成本非常低，只要他认为有体验更好的，更能满足他需求的产品，就很有可能会放弃你的产品。因此要想让用户留下来并持续使用产品，更进一步把产品推荐给他人，一定是靠不断地迭代，不断地满足用户的需求。

企业经营所需要的知识中，每年要老化30%。也就是说，企业有30%甚至更多的套路、手法不能再进入价值链系统，否则，你的企业也将一并老化。基于岗位胜任力模型构建起的学习地图，就像一层一层垒起来的"知识大楼"，如果不迭代更新，在没有地基的互联网时代，有可能瞬间坍塌，企业必须不断地更新知识和经验的"内存卡"。迭代是一种"快鱼吃慢鱼"的思维。互联网时代，课程也要像产品一样持续迭代。

人才盘点：从"关注课程"到"关注学员"

传统培训模式以"课程"为中心，培训部门往往处于"追老师、追课程"的状态，今天感觉团队的执行力不行，就临时组织一场执行力的课，明天感觉管理干部领导力不够，就临时组织一场领导力的课。培训管理者的大部分精力用于课题选择、课程内容开发与课程教学管理。在这样的模式下，培训部门会生产出大量的"自嗨型"课程，即开发出来的课程，培训部门自己觉得很嗨，但学员却没有什么反应。

比如，某公司想改变公司员工的个人素养和精神面貌，从外部找了好多老师来培训，有"职业素养""商务礼仪"等，但大部分老师上完课就走了，改善效果并不大，这就是"以课程为中心"的培训。而什么是"以学员为中心"的培训呢？以学员为中心，就是要清楚地了解每个学员的状态，提出针对性的改善建议，比如，在形象气质方面，有的走路佝背，有的发型蓬乱等，针对性地解决每个员工的个性问题，团队职业素养和精神面貌才会真正的改变。

课程产品化，首先就是要建立"以用户需求为导向"的培训理念，从"关注课程"到"关注学员"。以学员需求为导向，并不是简单地做需求调查，而是要找到学员在实际中的真正问题和短板。如何找到学员在实际中的真正问题和短板？人才盘点是一项行之有效的管理手段。培训开展之前，对培训组织单元进行人才盘点，根据人才盘点的结果做出培训规划，越来越受到企业的青睐。人才盘点可以摸清内部的人才状况，评估员工与岗位的匹配度，发现员工的长处与短板，以便有针对性地培养员工。

如何通过人才盘点来进行培训规划呢？

1. 定标准

首先要梳理人才标准，好比你去整理书柜，哪些书是非常重要的，哪些书是有价值的，哪些书是没有价值的，要有一个衡量的标准。不然，这个书柜就没法整理。人才标准就像一把有刻度的"尺子"一样，只有统一好"尺子"的刻度，人才盘点工作才能做到有效和有用。比如，我曾主导过一个对医院护士长的人才盘点项目。经过项目团队的研究和核心管理层的讨论，得出一个优秀的护士长胜任力模型，并形成一个评价表，见表7-1。

表7-1　护士长岗位胜任力评价

姓名：_____　工号：_____　科室：_____　职务：_____

指标	项目	评分
文化适应（价值观）	待患如亲	1分　2分　3分　4分　5分
	服务至上	1分　2分　3分　4分　5分
	诚信负责	1分　2分　3分　4分　5分
	追求卓越	1分　2分　3分　4分　5分
业务能力	打针穿刺	1分　2分　3分　4分　5分
	技能熟练	1分　2分　3分　4分　5分
	护理沟通	1分　2分　3分　4分　5分
管理能力	个人管理	1分　2分　3分　4分　5分
	护士管理	1分　2分　3分　4分　5分
	病人管理	1分　2分　3分　4分　5分
	质量管理	1分　2分　3分　4分　5分
	病房管理	1分　2分　3分　4分　5分
	综合评价	1分　2分　3分　4分　5分

2. 照镜子

定好人才标准后，第二步就是"照镜子"，即按照人才标准对评估对象进行评估，建立人才档案。

3. 促成长

根据人才盘点的结果，我们就能发现有针对性的培训需求。比如，对护士长进行盘点后，我发现其中 10 位新晋护士长普遍在管理能力上表现欠缺，如对下属的带教、科室氛围的建设、院感质控管理、医患沟通技巧等。于是，我开展了一个"护士长管理能力提升集训营"，有针对性地提升 10 位护士长的管理能力，见表 7-2。

表 7-2 护士长管理能力提升集训营

个人管理	从专业到管理：护士长的角色认知
	护士长的心态与情绪管理
	护士长的沟通技巧
护士管理	如何科学排班
	如何培训下属：工作教导 4 步法
	如何建立良好的科室氛围
病人管理	如何做好病人管理
	如何提升患者满意度
	医患沟通技巧
质量管理	PDCA 质量管理
	如何做好病历规范管理
	院感质控管理
病房管理	5S 标准化病房建置
	如何做好物品、耗材管理

4. 测效果

对培训效果进行追踪评估，了解培训后学员问题的改善情况，评估完成后，对不过关的人员进行辅导改进。

培训需求要洞察，不要调查

关于培训需求的调查，培训管理者的普遍做法是，给公司每个员工发一份调查问卷，问卷上的题目大多是这样的：

您觉得自己需要加强哪方面知识？

A、沟通技巧

B、团队管理

C、商务礼仪

D、目标管理

E、销售技能

然后，筛选出大家选择最多的选项，比如，"沟通技巧"，然后围绕"沟通技巧"到市面上采购相关的课程。但是执行后发现，培训并没有起到什么效果。很多人抱怨说："这样的培训，根本不是我们需要的。"培训管理者觉得很委屈，"课题明明就是大家选的嘛，为啥又是我的错呢。"

其实，培训需求通过这种泛泛的问卷式调查是没用的，培训需要洞察，而不要调查。什么叫洞察？就是你要深入到工作一线去了解和体验，在一线观察工作过程，还原问题场景，了解工作特点，你才能发现真正的培训需求。

我给一家温泉公司设计培训方案时，曾设计了一门《为女神拍照的技术》课程。很多人会觉得奇怪：为什么设计这个课程？这个课程有什么用呢？学这些浪费时间吧！我们在做培训课程需求调查的时候，如果你采用问卷式调研法，员工会告诉你他需要学这门课吗？可能想都想不到。员工

第 7 章 课程产品化

可能会告诉你他们需要"销售技巧"或"商务礼仪"的培训，而不太可能会说他们需要"拍照技术"课。这个看似奇怪的课程，是我根据深度蹲点洞察的结果来设计的。

在这家温泉蹲点调研时，我发现有些顾客问我，能否把手机带进去，因为他们希望拍一些照片。当我问他们："为什么拍照片呢？"他们说："可以晒朋友圈，也可以留作纪念。"很多人出去旅游都喜欢拍照并在朋友圈分享。但是，该温泉公司却完全没有为顾客创造拍照的条件，比如，顾客把手机带入，手机被水淋湿的问题、没人帮助拍照的问题、没有地方临时存放手机的问题等。于是，我提出了 4 点建议。

1）每个顾客发一个透明的手机防水套袋。

2）在温泉区域设置手机等物品存放点。

3）每一口温泉池子旁竖一块木牌子，木牌子上刻着公司的 Logo，并刻有"××温泉"的字样。让顾客拍照时，能把品牌名称拍摄进去。

4）所有服务人员都要学习一门课程"为女神拍照的技术"，教他们怎样帮别人拍摄出美照，拍摄出让人忍不住晒朋友圈的照片，比如，如何选背景，如何站位，如何构图等。

那么，这样做有什么意义？

我们可以算一笔账，该温泉一天接待 1 万人，假如有 10%的人晒朋友圈，就有 1000 人晒朋友圈，每个人的朋友圈算 200 人，那么，每天就有 20 万次的广告传播，这是相当大的广告效应！

培训需求需要深入场景进行洞察，而不只是简单的问卷调查。简单的问卷调查永远发现不了组织培训的真正需求。

个人价值与组织价值,该如何选择

课程一般有两个方面的价值:员工个人价值和组织价值,两方面价值既统一又矛盾。"统一性"在于通过员工个人价值的提升可以间接提升组织价值,比如,PPT制作课程。对于员工来说,通过培训可以增加一项技能,而对于组织来说,员工的PPT技能提升了,可以间接提升组织的沟通效率。"矛盾性"在于很多对员工个人价值很强的课程,对组织价值来说,却需要较长时间体现。出于投入产出比的考量,企业可能会不太重视这些培训。

有些课程能够快速提升组织效益,但是对员工个人价值不大,比如,运营提升课,一些企业业绩增长与员工收入无明显挂钩,运营课程就变得组织价值高,而员工个人价值低。还有些课程员工个人价值高,但组织价值不明显,比如,英语兴趣课,对于一些主要从事国内业务的企业来说,组织价值比较低。根据个人价值和组织价值两个维度,可以把课程分为4个类型,如图7-2所示。

1. 爆款型(个人价值高、组织价值高)

个人价值高,组织价值高的课程,我称之为爆款型课程。因为它既能够满足员工的个人需求,调动员工的积极性,又能较好地达到组织效益提升的目的。比如,针对医院护士的化妆课,很多护士对此比较感兴趣,员工价值比较高。同时,学会化妆后,个人形象和气质产生了较大的变化,改变了医院的员工形象,对医院的品牌也有提升作用。所谓"上下同欲者胜",在安排培训的时候,应该首推爆款型课程,因为它能达到个人价值与组织价值的双丰收。

第7章 课程产品化

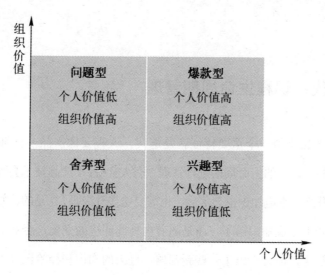

图 7-2 课程价值类型

2．问题型（个人价值低、组织价值高）

个人价值低，组织价值高的课程，我称之为问题型课程。因为它对于组织来说，具有较高的价值，但是由于短期没有体现出员工价值，因此员工不太感兴趣，比如一些运营类、制度类课程。这类课程如果占用员工的业余时间培训，员工就会比较抵触。这类型课程要推广的话，要尽量找到与员工个人价值的结合点。

3．兴趣型（个人价值高、组织价值低）

个人价值高，组织价值低的课程，我称之为兴趣型课程。这类课程对员工来说，非常具有价值感，比较受员工的欢迎，比如，商务英语课、瑜伽等。但是短期来看，对组织产生的价值并不明显。这类课程大部分作为员工的选修课和兴趣课，可以丰富员工生活，调节员工情绪。

4．舍弃型（个人价值低、组织价值低）

个人价值低，组织价值低的课程，我称之为舍弃型课程。这类课程不但员工抵触，而且对组织效益来说，也并没有什么帮助，这类课程我们要尽量摒弃。

持续迭代：课程生命周期管理

课程产品化的一个重要特征就是迭代，课程要像产品一样拥有生命周期，我们要对课程的生命周期进行管理。有人会说："产品技术会落后，所以需要迭代升级，难道知识也会落后，也需要迭代升级吗？"是的，知识也需要迭代！这并不是说知识错了，而是随着内外部环境的变化，企业很多老问题可能已经解决，但又冒出了一些新问题，过去的知识和经验已经不能满足企业的发展需要了。所以企业的知识与经验也要不断地升级迭代。特别在互联网时代，快速变化的外部环境对企业内部的知识管理提出了更高的要求。

既然课程也有生命周期，那么我们该如何评判一个课程？什么时候要升级迭代？什么时候要淘汰？我认为"价值"是一切课程的生命线，课程生命周期的管理核心是价值的循环管理，即"发现价值—实现价值—交付价值—审计价值"的循环管理过程，如图7-3所示。

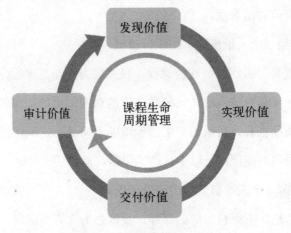

图7-3 课程生命周期管理

第7章 课程产品化

比如，过去"深度营销"课程非常火爆，而今却鲜有人提及。为什么呢？因为在过去那个阶段，大部分企业都是"贸易式"的销售模式，即只要把产品卖给经销商就不管了，至于经销商是否能卖出去产品，那不是厂家的事情。但是，随着竞争品牌越来越多，竞争越来越激烈，这种"贸易式"模式逐渐走向了终点。厂家必须与经销商结盟起来，形成更加紧密的合作关系，一起来打赢市场，获得共赢。于是，"深度营销"课程开始变得非常火爆。深度营销其实就是厂家与经销商一体化，厂家派人帮助经销商做市场，比如，帮助经销商陈列、理货和导购等。当别的厂家都没做这些动作，你率先开始做的时候，自然获得了不错的市场表现。但是，当竞争对手都开始模仿以后，这种模式的效率就不断递减了。比如，到目前为止，大部分的厂家和经销商已经不再是纯粹的"贸易"关系，而是"厂商一体化"关系。深度营销的模式已经无法凸显其价值，反而暴露出人员成本高居不下的弊端。所以，"深度营销"的课程逐渐淡出了人们的视线。

第8章 萃取技术

知识萃取师应该具备的4项技能

　　工业化时代，企业经营环境的变化和知识迭代的速度相对较缓，而在互联网时代，企业面对的外部环境瞬息万变，知识迭代的速度也需要相应加快。曾经成功的知识和经验就像机器一样，也会老化和淘汰。没有什么知识能够持续适用和持续有效。我们只有掌握"知识萃取技术"，才能不断地从工作一线中萃取出前沿的知识和经验，才能不断地推动组织进步。组织经验萃取是知识管理中常用的一种方法技能，是将隐性经验显性化的有效途径，是组织内部知识管理者和培训管理者必备的工作技能。

　　谷歌首席人才官拉斯洛·博克在《重新定义团队》一书中写道："我可以告诉你到哪里去找最好的老师。他们就坐在你的身旁。"外部课程多数为通用型课程，缺少企业要的"干货"。掌握知识经验的专家多数在企业内部，我们需要这些专家骨干把"干货"倒出来。员工在工作中积累的经验没有进行有效的总结和梳理，而让后来的员工从头开始尝试并慢慢积累经验,这是企业最大的浪费。越来越多的企业意识到组织经验积累对组织能力建设和内部培训质量提升的重要性,以及经验流失给企业带来的损失,因此开始尝试开展组织经验萃取工作。

可是标杆人员要么不愿意讲,要么讲得不好。这就需要我们培训管理者拥有一套娴熟的知识萃取技术,即从专家的头脑中提取结构化的专业知识或经验。在武侠里,有一种功夫叫"吸星大法",练会了这个功夫的人,别人和他交手,他就能把别人的内力吸到自己身上,转化为自己的内力。我觉得萃取师就要练就"吸星大法"的功夫,和标杆人员聊聊天,就能把标杆人员的经验转化成一套可输出和推广的经验方法。练就"吸星大法",需要萃取师具备以下4种能力。

1. 高超的访谈技术

大部分萃取项目的失败,都是访谈的失败,因为没有获得有价值的内容,其他一切都是没用的。为什么有些培训人员"畅聊无阻",而有些培训人员"把天聊死",访谈是具有很强的语言艺术性的,同样的目的,不同的表达方式会达到完全不同的结果。就像有一个小和尚问方丈:"方丈,请问我可以念佛的时候抽烟吗?"方丈怒斥。第二个小和尚问方丈:"方丈,请问我可以抽烟的时候念佛吗?"方丈高兴地说:"当然可以。"优秀的知识萃取人员,应该首先练就高超的访谈技术,因为它是知识萃取的"抓手"。

2. 结构性的思考能力

访谈出的知识和经验都是碎片化的、不成体系的和相互交叉的,如果不进行结构性的归类和总结,摒弃无效的信息,提炼有用的知识,我们就会掉进纷繁复杂的信息海洋里。对于萃取师来说,必须具备结构性的思考能力,能够从纷繁复杂的乱象当中抽丝剥茧,得出有用的、可复制的内容。如何练就结构性的思考能力，推荐大家看麦肯锡的《金字塔原理》一书，"金字塔原理"的方法能够帮我们建立起清晰的逻辑思维。

3．敏锐的洞察力

除了结构性的归类和总结，作为萃取师还需要具有敏锐的洞察力。有些萃取师萃取的东西，逻辑清晰、结构合理、内容完整。但是，就是对实际工作没有什么效用，这就是缺乏敏锐的洞察力，不能洞察到现象背后的本质，没有抓取到关键点。比如，标杆做了3个行动，分别是行动A、行动B和行动C，导致客户最后成交了。但实际上A、B两个行动不但无效，而且有一定的负面效应，真正起作用的是行动C。如果没有敏锐的洞察力，可能我们就生搬硬套地提炼出客户成交的ABC法。敏锐的洞察力来自于贴近业务，对业务场景的感知力，如果没有对业务场景的感知力，我们提炼的东西可能就会很外行，或者无效。

4．呈现与演绎能力

优秀的萃取师还应具备将知识进行结构化呈现和演绎的能力，为什么要将知识结构化呈现和演绎？因为要降低知识传递的成本，越清晰和简化的知识表现形式，越能降低知识的传播成本。我们将知识进行结构化呈现时，字不如表，表不如图，图不如动画。越是生动的呈现和演绎，知识传播和落地的效率越高。

经验萃取"三板斧"

有些培训管理者对标杆进行经验萃取的时候，要么没有萃取出内容，要么萃取出的内容没有价值。很多时候，萃取工作变成了"假把式"，项目初衷都是很好的，但是结果没有什么效用。这都是因为没有掌握组织经

第 8 章 萃取技术

验萃取技术的缘故。经过大量的萃取实践，我总结出组织经验萃取"三板斧"技术：价值锚定、雷达扫描和结构呈现，如图 8-1 所示。就像李逵的板斧，我们只要依据方法"砍"下去，就能"刀刀见血"，萃取出"干货"来。

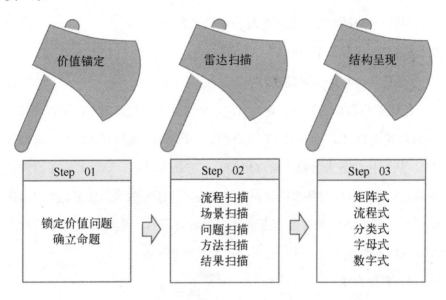

图 8-1 组织经验萃取"三板斧"

1. 价值锚定

价值锚定，就是经验萃取要锚定有价值的问题。如果问题锚定出现偏差，那么萃取出来的内容必然就是"隔靴搔痒"，起不到好的效果。由于企业遇到的问题各不相同，所以在具体实施时就需要首先确定企业开展这项工作的最终目的是什么，进而确定组织经验萃取的主题。确定组织经验萃取的主题主要是为了将工作内容聚焦，明确企业最迫切需要解决的问题或最值得沉淀的经验是什么。只有先明确萃取主题，才能将后面的工作进行细化并推行。例如，新来的业务人员想学老业务员身上的经验，可是别人积累了几年甚至十几年的经验，并不是一下子就能掌握的，这时就要锚定最有价值的问题点。这些问题点可以去调研新进的业务人员，他们都遇到了哪些问题。

"进门拜访客户的时候，我不知道怎样和客户寻找话题。"

"拜访客户的时候，我该怎样介绍自己？"

"客户讨厌我，怎么办？"

"怎样让客户产生兴趣呢？"

把这些问题总结下来，你会发现，新进业务人员普遍对陌生客户拜访感到有较大挑战，于是我们可以设置一个萃取主题《陌生客户拜访技术》，从标杆业务人员身上萃取出经验、方法和话术，这就锚定了有价值的问题。我们可以对某个岗位需要完成的工作任务做细化分工，整理出岗位的工作任务清单或者能力项清单，然后对所有工作任务进行重要性排序，找到重要而又最"痛"的点，初步锁定萃取点。

2. 雷达扫描

锚定了价值点（命题）之后，就要围绕命题做"雷达扫描"——知识点的扫描。雷达扫描包含 5 个步骤：流程扫描、场景扫描、问题扫描、方法扫描和结果扫描，如图 8-2 所示。

1）流程扫描。以陌生客户拜访为例，分为拜访前的准备—自我介绍—寒暄—介绍公司与产品—达成意向。

2）场景扫描。每个流程步骤环节都会有不同的任务场景。比如，在饲料销售中，客户拜访前的准备环节中，如果是大型猪场客户，业务人员需要准备公司资料、名片、样品和附近相关猪场的实证案例等；如果是经销商客户，业务人员需要准备公司资料、名片、价格政策和销售支持策略等，任务的场景是不同的。

图 8-2 雷达扫描步骤

3)问题扫描,即扫描每个任务场景中碰到的挑战或问题。比如,上门拜访时遇到客户很忙怎么办?客户不感兴趣怎么办?客户不信任怎么办?

4)方法扫描。标杆人员是如何处理每个问题的?处理的方法是什么?其中有什么技巧?能否形成标准的话术?等等。

5)扫描结果。采用解决办法后,结果如何?解决办法是否有用?

3. 结构呈现

知识点扫描出来之后,要进行结构化呈现,以方便传播。结构化呈现要遵循金字塔原理的 4 个原则:结论先行、以上统下、归类分组和逻辑递进。通过以下知识点具体说明。

一个成功的招商会四分在邀约,三分在现场,三分在回访。所以邀约是最重要的,如果参加的人都没有,招商的效果就无从谈起了。所以我们要动用一切办法邀请到目标客户,比如,电话邀约、上门邀约和熟人介绍等。其次,招商会现场也很重要,现场的氛围、流程和体验等都要做好。

最后,招商会结束后要回访,回访的时候把客户分类,比如,已经建立合作的、有意向的和没意向的,每种类型的客户用不同的对策。

我们将上述的知识和经验进行结构化的呈现,如图 8-3 所示。

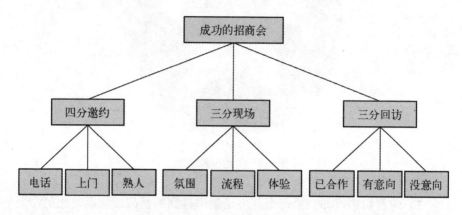

图 8-3　知识结构化呈现

锚定"甜蜜点"

在经验萃取项目中,识别关键任务、锁定核心价值是项目成功的关键。很多时候学员提报上来的经验萃取的课题并非关键任务,比如,在做培训需求调查的时候,很多学员反馈想要学习沟通技巧的课程。但是,沟通技巧是一个很大的范围,具体的问题是什么呢?需要进一步细化。比如,"如何处理客户的投诉"就是一个关于沟通技巧的具象的价值点。价值锚定就是要锁定有价值的、需要做深度萃取的能力项或工作任务项——"甜蜜点"。

"甜蜜点"一般满足 3 个条件:学员需求点、业务增长点和标杆擅长点如图 8-4 所示。有些萃取课题是学员需求,但对业务增长没有太大帮助，比如，有些学员需求学习外语。有些课题是学员的需求点，也是业务的增长点，但是没有标杆擅长，萃取工作也很难开展。

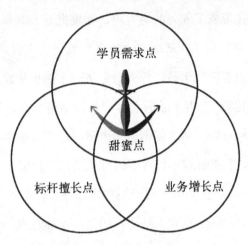

图 8-4　锚定"甜蜜点"

南昌恒景电子商务有限公司（以下简称恒景电商）是一家在京东、苏宁易购等电商平台销售女鞋的电商运营公司。2016 年年初，我给他们做咨询培训项目时，他们的年销售额是 2000 万元左右，一直停滞不前。近几年由于各种电商平台的商家越来越多，引流越来越难、流量越来越贵。店铺的流量持续下降，销售客服人员销售能力再强也是"巧妇难为无米之炊"。公司尝试了很多增量的办法，比如，新开店铺、拓展品类，但都以失败而告终。新开店铺没有基础，流量更低。拓展新品类呢？由于整个团队主要卖女鞋，销售其他的东西不擅长，结果导致销售数据非常难看，团队士气遭受重创。由于销售客服的收入是和销量挂钩的，所以大家都期待有增加销量的方法。我在调查中发现，30 多位销售客服中，有一位销售客服的店铺业绩逆势增长、节节攀升。于是，我找她访谈，发现她有一套自己运营流量的方法——老客户。这位销售客服注册了一个办公微信号，每次在她手上下单的新顾客，她都会想方设法与其连接——加上微信。运营好老客户口碑，通过老客户带新客户的方式，增加店铺流量。

恒景电商过往形成了 6 万的老客户，如果把 6 万老客户激活，这该产生多大的流量红利？从运营新客户"流量"到运营老客户"口碑"，恒景电商有了一种新的思路。于是，我们敲定了一个知识萃取的主题——"老客户社群化口碑运营"，将零散的老客户导入微信平台，形成可以互动的社群，建立老客户口碑，通过促销活动引流。这个萃取主题满足了"甜蜜点"的 3 个要素。我把标杆销售客服的方法进行了提炼。

1）建立一个人格化品牌。每个销售客服注册一个微信号，用于与老顾客的互动，微信号的名称要人格化，比如，女鞋妮妮、女鞋西西等。不能直接用女鞋品牌的名称，因为那样显得很官方，无法与顾客交朋友。

2）提供价值信息。在朋友圈推送一些有价值的信息，比如，女鞋的服饰搭配、美容美甲，还有关系处理、情感交流等有用信息，不能硬推广告，这样会让顾客因厌烦而屏蔽你。

3）经常在朋友圈与客户互动，比如，点赞，一些赞美的评价等。

4）阶段性推送一些店铺的优惠活动、派发优惠券等，引起老客户的复购以及推荐新客户。

我把标杆客服的成功方法提炼成标准化的课件，并召集所有客服人员进行集训，让所有客服掌握这一套方法并贯彻实施。经过半年的落地执行，企业销量获得了 40%的增长。

询问故事，而不是答案

有些企业的培训项目负责人去找销售标杆人员萃取经验和案例，结果

第8章 萃取技术

回来报告说:"这个人总是藏着掖着,问什么都不说,不肯把经验分享出来。"然后我问他:"你都问了人家一些什么问题?"

他是这样提问的:

1)你搞定客户的核心技能是什么?

2)客户最在意什么?

3)如何与客户交朋友?

4)如何增加客户的黏性?

5)如何促使成交?

这样的提问方式很可能一无所获,为什么呢?因为你是在直接索取答案,对于标杆人员来说,它们可能实际操作很厉害,但是从未系统地总结过,这些问题都需要思考,短时间很难总结和概括出来,同时会造成一种紧张的气氛,增加被访谈者的戒备心理。

比如,我们希望每个销售人员都拥有临门一脚的成交能力,如果你询问一位优秀的销售人员说:"你能不能谈谈是如何让客户成交的?"对方的回答可能是"也没什么特别的,每个客户都不一样,这个要因人而异。"

这样的访谈显然不能达成我们的初衷,怎么办呢?让我们再换一种方式:

"你好,能不能回忆一次印象特别深刻而且特别有成就感的成交故事呢?"

"可以,前几天我促成了一个客户成交,感觉特别有成就感。"

"那您能详细讲一下整个过程吗?"

"可以啊,这个客户开始一直在犹豫……"

第一种和第二种我分别称之为 X 型提问法和 Y 型提问法。X 型提问法询问答案,而 Y 型提问法则询问故事;X 型提问法直奔结论,关注结果,而 Y 型提问法在意过程,注重细节;X 型提问法需要被访谈者思考和总结，对被访谈者的素质和总结能力有要求，而Y型提问法让被访谈者回忆并直接讲述过程，不需要经过加工；X型提问法需要判断被访谈者的答案是真是假，判断被访谈者提供的答案是否对别人也具有效用，而Y型提问法则从被访谈者讲述的故事和实践中提炼出关键的动作和关键的要点，形成可复制推广的知识和经验；X型提问法直接询问答案，需要被访谈者作答，容易形成紧张情绪，造成被访谈者的戒备心理，而Y型提问法让被访谈者随意分享，可以缓和紧张的气氛，容易打开被访谈者的话匣子，如图8-5所示。

X型提问法	Y型提问法
✓ 询问答案	✓ 询问故事
✓ 直奔结论，关注结果	✓ 在意过程，注重细节
✓ 思考和总结	✓ 回忆和讲述
✓ 判断真伪和效用	✓ 捕捉要点和动作
✓ 容易造成戒备心理	✓ 容易打开话匣子

图8-5 X型与Y型提问法

在经验萃取的访谈过程中，避免"无聊"的一种方式是询问开放性问题。提问的目的是邀请被访谈者讲故事，而不是让被访谈者给出乏味的、甚至只有一个词的答案，见表8-1。

表8-1 询问开发性问题

不 要 问	试 一 试
"你叫什么名字？"	"能相互认识一下吗？"
"你在公司工作多久了？"	"能介绍一下您的工作经历吗？"
"你的工作有压力吗？"	"能说说你工作遇到的挑战吗？"
"你带团队的秘诀是什么？"	"能说说你带团队的经历吗？"
"和供应商议价的成功要点是？"	"能分享与供应商议价故事吗？"
"处理客户投诉的关键是什么？"	"能分享一次处理投诉的故事吗"

第 8 章 萃取技术

我曾给医生接诊技巧进行过一次经验萃取工作。在对大部分新医生进行问题调研后,发现他们提到最多的问题是"如何与病人沟通"。于是,我带着这个问题去访谈标杆医生。

一开始,我对 A 医生用了 X 型提问法,对话是这样的:

我:"您好!A 医生。今天对您做一个访谈,主要是我们很多新医生都反馈不知道和病人如何良好地沟通?大家都说您在这方面做得很好,所以想通过这次访谈,把您的一些好的经验分享给大家。"

A 医生:"你客气了,其实我也做得一般,大家互相学习。"

我:"能说说您和病人沟通的方法吗?"

A 医生:"其实也没什么,就是一切以患者为中心!"

总结下来,并没有什么有效的信息。于是,我对 B 医生用 Y 型提问法,对话是这样的:

我:"您好!B 医生。今天对您做一个访谈,主要是我们很多新医生都反馈不知道和病人如何良好的沟通,大家都说您在这方面做得很好,所以想通过这次访谈,把您的一些好的经验分享给大家。"

B 医生:"你客气了。"

我:"能说说您曾经处理病人异议,并进行良好沟通的故事吗?"

B 医生:"嗯,我昨天正好有个高血压病人,不想花钱,想停了控制高血压的药。我是这样和她沟通的,我说高血压属于慢性病,如果不吃药控制,可能会产生并发症,比如,脑血栓、脑中风什么的。到时候要卧床,自己很难受不说,还要花钱,又要连累子女照顾。后来她就乖乖地吃药了……"

通过 Y 型提问法,我将 B 医生所说的故事要点进行了总结:面对不配合治疗的病人怎么办?要说明不配合治疗的后果,这种后果会导致的危害，并且进行利弊分析，让病人觉得还是应该积极配合治疗比较好。

组织经验萃取之所以没有萃取出有效信息，很多时候不是被访谈者的水平问题，而是萃取师的访谈技术问题。当我们无法获得想要的答案时，不妨试试 Y 型提问方法。

为什么你的赞美会变成"自嗨"

在访谈中，我们大多数萃取师会使用"赞美"的方法，希望通过赞美打开被访谈者的话匣子，让他把"干货"倒出来，反而"把天聊死"了。但也有很多人没有用赞美就把对方的"干货"淘出来了，这是为什么呢？比如，有人听了我的课，然后课下对我说："老师，你的萃取技术很好。"那我只能回答"呵呵"了。这样的赞美让我觉得特别不好接话，否认吧显得不配合，承认吧显得不谦虚。所以，这样的赞美就是"自嗨"的赞美，自己觉得很嗨，别人却没有继续倒出"干货"。而如果对方说："老师，你的萃取技术很好，回去我也萃取一门课程……"对于这样的赞美我就可以跟他去聊如何萃取的话题了，我们可以想聊多少就聊多少，完全没有限制。

很多萃取师在经验萃取时都爱使用赞美的语言，这是由于内心紧张导致想象中的敌对，为了降低敌对，就表达赞美或赞同。比如，"你很专业""你很内行""你很有经验""你说的很有意思"等，这种做法的效果其实并不好。不要只是说"你很专业"，而应该说"你很专业，我都想试试你的方法了。"不要只是说"挺好的"，而应该说"挺好的，我们把它总结一下。"不要只是说"很有意思"，而应该说"很有意思，能具体描述一下吗？"

我们可以把单纯评价理解为封闭式赞美，把"赞美+行动"理解为开放式赞美。对于封闭式赞美，反对显得不友好，赞同常常又很无趣。而开放式赞美则能够继续引出话题。搞明白开放式赞美后，在经验萃取访谈中就很容易打开被访谈者的话匣子，倒出很多"干货"来。比如，我曾访谈一位标杆销售人员：

我："××，您好！我听您的上级主管××说您销售做得很不错，客户对您都很满意，我们想访谈一下您，将您的宝贵经验推广一下。"

标杆销售人员："您过奖了。"

我："您是如何上门拜访陌生客户的呢？"

标杆销售人员："我一般去上门的时候，会看看客户忙不忙，如果客户暂时有点忙，我就在旁边等一下。如果客户很忙，可能一上午都抽不出时间，我一般就留下名片，大概介绍一下自己，然后说等下次他有空再来拜访。我觉得千万不能在别人很忙的时候去打扰，特别是第一次拜访陌生客户，这样很容易引起客户的反感。如果客户对你的第一印象就很不好，那么后面就很困难了。"

我："您真是说得太好了！我相信这些对新人肯定很有用，很多人可能不注意，一开始就引起了别人的反感。"

标杆销售人员："是的，我也是吃过亏才明白的，刚来公司的时候，我拜访一个客户……"

赞美可以"把天聊死"，也可以让"干货"源源不断，全在于我们在访谈当中是否合理地运用技巧。

让知识拥有结构美

知识在传播中也需要注重"外貌"。萃取出的知识如果不能以一种"性感"的方式呈现，那么在信息大爆炸的互联网时代，它的传播效率将非常低,导致传播成本很高,更难以落地。知识的结构化呈现一般有以下几种方式。

1. 矩阵式

二维矩阵这种方法在各种理论流派中太常见了,比如,战略里的 GE 矩阵模型、营销里的波士顿矩阵、情境领导中的领导风格矩阵、人力资源里的定位模型。矩阵是一种很好的分类方法,比如,在消费类产品招商的时候,我按照两个维度——"自身经营好坏"和"合作意向强弱",将经销商分成 4 个类型,针对不同的类型使用不同的策略,如图 8-6 所示。

1)机会型(经营好,意向强),这是我们必须达成合作的重点客户。

2)成长型(经营差,意向强),这是要帮扶成长的客户。

3)问题型(经营好,意向弱),找出不合作的原因,并攻克。

4)舍弃型(经营差,意向弱),自由发展,不要花太多精力。

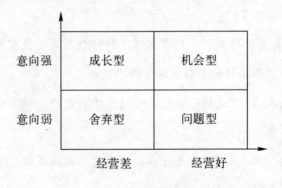

图 8-6 目标经销商分类

2. 流程式

按照事情发生的先后次序,梳理出关键性动作,并串联成系统性的知识。流程步骤法到处可用,因为我们在日常工作或生活中的做事逻辑就是一条时间线。流程一般用箭头图来表示,比如,如何对皮鞋进行保养,如

图 8-7 所示。

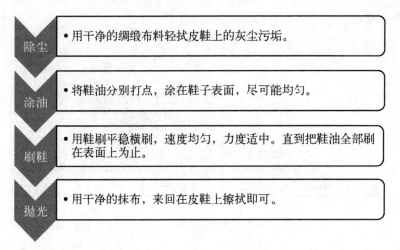

图 8-7 如何对皮鞋进行保养

3．归类式

用分类的方法呈现知识，也是非常普遍的。通过归类，我们可以把复杂的问题进行分解。比如，针对"如何与患者沟通"，我们把患者分为 3 种类型：疗效敏感型、价格敏感型和时间敏感型，如图 8-8 所示。

图 8-8　3 种患者类型

4．层级式

用分层级的方式来呈现知识，比如，马斯洛的 5 个需求层次理论就是典型的层级结构知识。再比如，在五星客户战法中，我把客户分为一星到五星,分别是陌生客户、意向客户、成交客户、忠诚客户和标杆客户,如图8-9所示。

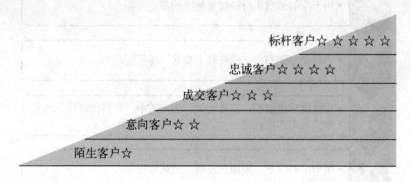

图8-9 五星客户分类

5. 字母式

通过字母组合来呈现知识,比如,4P(产品、价格、渠道、推广)营销法则、FAB(属性、作用、益处)销售法等。

6. 数字式

通过数字来归纳知识。举个例子,过火车道的时候我们看到的安全宣讲是这样的:一听,二看,三通过。"一听"指的是听有没有火车的汽笛声;"二看"指的是看有没有车头射灯从远处照过来;"三通过"是指确认没有火车再通过轨道。这种方式具有吸引注意力和联想记忆的效果。

第 9 章　知识趣味化

有趣：知识传播的正确方式

抖音上一条题为"现行的世界地图有太多假象"的短视频，共收获了 185 万个赞，播放量累计超过 4760 万，获得用户普遍好评。该视频作者为抖音知名科普达人"地球村讲解员"，该作者自 2018 年 7 月通过抖音进行天文地理知识科普以来，半年时间已收获 468 万粉丝，作品累计获赞超过 2000 万，累计播放量超过 5 亿。像这样广受用户欢迎的案例还有很多，他们的成功都有一个共同的特点：他们都掌握了知识传播的正确方式——有趣。以新奇、有趣的形式讲解高深的专业知识，在内容与形式两个方面降低了知识传播的门槛，拉近了知识传播者和受众之间的距离。

互联网时代，有趣是非常重要的。知识的传播也要有趣，如果不能以一种有趣的方式去表达，只是乏味地陈述，也只能躺在发黄的旧纸堆中。所以，要想让知识被人接受和传播，我们就要掌握知识传播的正确姿势——有趣。每次在讲述一个话题的时候，我都会想方设法地让它变得有趣。比如，在讲"创新思维"这个话题的时候，我会给学员设置这样一个问题：

如何只用一笔画出4条可交叉的直线，并且把下列9个点（见图9-1）连接起来？

图9-1　9个点连线

你能找出解决问题的办法吗？你是否发现连来连去，要想一笔把这些所有的点都连起来，至少需要5条直线呢？如图9-2所示。你这个时候很可能已经陷入了思维定式，你的思维固定在了这9个点之内。

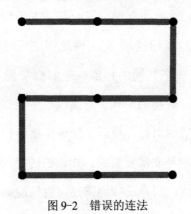

图9-2　错误的连法

要解决这个问题，我们必须突破这9个点的范围，如图9-3所示。

第 9 章 知识趣味化

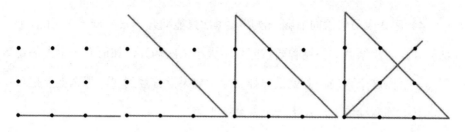

图 9-3　正确的连接方法

这个有趣的测试告诉我们，面对一个问题时，我们很容易陷入思维定式，要找到解决问题的方案，就必须打破这个思维定式，这就是创新思维。

再比如，在给学员讲"团队协作"的时候，我会带领学员做这样一个有趣的扑克牌游戏，如图 9-4 所示。

图 9-4　团队协作的扑克牌游戏

1）把学员分成若干个小组，每个小组 8～10 个人。

2）每个小组分别站成纵队，在每个队伍前面 3 米处放置一张桌子。

3）每张桌子上不规则地摆放 13 张扑克牌（同色，从 A 到 K，背面朝上）。

4）团队成员依次向前翻一次牌，每次只能翻开一张，直至 13 张牌全部翻开，游戏结束（扑克牌要按照数字大小依次翻开，如前面一个人翻到了 3，后面这个人的任务就是要翻到 4，如果没有翻到 4，那么他要把自己翻开的牌继续盖上，让下一个人继续来翻）。

5）裁判做好计时工作，13 张牌全部翻开后，用时最少的团队胜出。

在游戏过程中，有些人翻牌之后，回来却描述不清楚自己翻了哪张牌，有些人虽然描述清楚了，但别人却理解错了。这个游戏非常考验团队成员之间的沟通与协作，最终赢得胜利的团队，一定是沟通与协作比较好的团队。通过这个有趣的游戏，可以将"团队协作"这个话题讲述得非常生动，也会让学员印象深刻。

知识传递也是一种艺术

有人说，世界上有两件事最难：第一是把别人的钱装进自己的口袋；第二是把自己的思想装进别人的脑袋。而很多时候，培训的目标恰恰是要把思想理念灌输给学员，这样的培训工作往往很难做。

比如，如何给医院的科室主任医师讲《角色定位》课。

很多医生成为科室主任后，依然把自己定义为"技术控"，不注重科室的运营和管理，不注重与患者的沟通，不注重科室人才培养等。一个好的科室主任，不但要有好的专业技能，还要有很好的沟通能力，除了沟通能力，还要有科室运营能力，即把科室口碑做起来，科室医疗质量提升起来，人才团队培养起来等。如果不首先改变科室主任的角色认知，培训其他的都没用。但关键点是，面对这群有一定资历的专家教授，如何给他们讲"角色认知"课？

第 9 章 知识趣味化

要知道你面对的是一群高学历、高资历和技术强的专家,而且很多是年龄偏大的老专家。给他们讲道理,跟他们说"优秀的医者,不仅专业要强,还要懂沟通和运营。"他们可能根本不会搭理你。他们会说:"你说的都对,但是我们不喜欢你给我们讲大道理的方式。"

所以,不要总是"讲道理",我们要掌握把知识装进别人脑袋的"性感"方式——有趣。我给主任医师做培训的时候,并没有和他们讲道理。而是把知识点做成了有趣的知识。我把医生的角色定位分为 7 个类型,如图 9-5 所示。

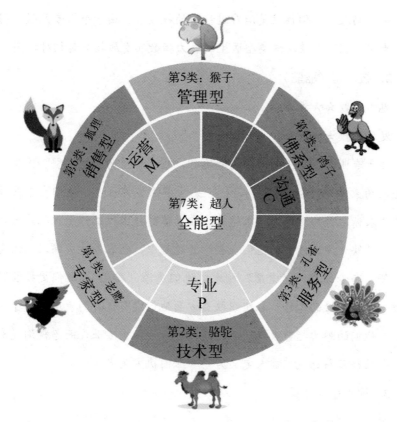

图 9-5 医生的角色定位

1. 专家型（老鹰）

魅力指数★★★★。

发展指数★★★★☆。

强于专业和运营，而忽视或弱于沟通，我们称之为"专家型"医生。他们被形象地比喻为"老鹰"。因为他们不受情感干扰的能力较强，工作有较强的目标和结果导向，他们能够抓大放小，永远关注结果。对待专业精益求精，做事的计划性较强，也比较注重规则。同时他们又能够站在组织的角度思考问题，为组织创造效益。但他们通常不会通过柔和的语言表达来对待病人，他们往往是治疗过程中的权威者。由于个人专业强，同时能够为组织创造效益，这类型医生的魅力指数和发展指数都相对较高。

2. 技术型（骆驼）

魅力指数★★★★。

发展指数★★★☆。

强于专业而忽视或弱于沟通和运营，我们称之为"技术型"医生。他们给人的感觉是典型的"技术控"，关注事强过关注人，他们在专业技术上精益求精、努力上进、追求完美。在具体的技术性工作上往往是一把好手，可是缺乏沟通能力的他们在接诊的过程中，也容易造成病人的误会和不信任。与专家型的"老鹰"相比，他们更像"骆驼"，他们更擅长默默地做一些技术性的工作，在组织效益方面他们没有优异的表现。由于专业上进，他们的魅力指数表现还不错。但过分地注重专业，而忽视沟通和运营，也往往容易让他们被人定义为"专业固执主义者"。

3. 服务型（孔雀）

魅力指数★★★★☆。

发展指数★★★★。

强于专业和沟通，而忽视或弱于运营，我们称之为"服务型"医生。他们具有阳光心态，积极快乐、热情开朗、喜欢交友，在他们的字典里没有"陌生"两个字。在与病人的接触中，他们的形象、语言及行为都能表现出对病人无微不至的关怀，极容易拉近与病人的距离。他们具有良好的专业精神，同时又具备超强的沟通能力。他们热爱沟通、乐于助人，喜欢展现自我价值，非常注重自己的口碑形象，可以将他们形象地比喻为"孔雀"。相对于技术型的"骆驼"，他们是医院里的活跃分子，更能获得病人的喜欢、爱戴和信任。他们通过良好的口碑间接提升了组织的效益。所以他们的魅力指数和发展指数都相对较高。

4. 佛系型（鸽子）

魅力指数★★★★。

发展指数★★★。

强于沟通，而忽视或弱于专业和运营，我们称之为"佛系型"或"菩萨型"医生。他们是病人眼中的"大善人"或"大和平主义者"，可以将他们形象地比喻为"鸽子"。他们即便是专业技术一般，但由于良好的沟通和细微的服务，病人对他们的满意度依然较高。他们非常注重个人的口碑形象，注重别人对自己的评价。他们情感丰富、同情心强，往往反感组织的营利性，常常带有强烈的个人理想主义色彩，由于在专业和运营上的短板明显，他们通常在组织效益和个人绩效方面表现不佳。从魅力指数来看，人际和口碑相对良好的"鸽子"相对于服务型的"孔雀"，专业能力略显平庸。从发展指数来看，相对于专家型的"老鹰"，"鸽子"的目标和结果导向较弱，运营思维是他们的短板，所以发展指数只有三颗星。

5. 管理型（猴子）

魅力指数★★★★。

发展指数★★★★☆。

强于沟通和运营，而专业一般，我们称之为"管理型"医生。虽然他们在专业上的表现一般，但是"精明"是这个类型医生的标签。优秀的沟通和运营能力往往能让病人心甘情愿地接受治疗和付费。他们往往能创造出优异的组织效益，同时又能实现和病人的良好沟通，获得病人较高的满意度。良好的沟通在某种程度上能够弥补其专业上的短板，病人依然对他们很信任。精明能干的他们被形象地比喻为"猴子"，他们比较容易走上管理岗位，魅力指数和发展指数都相对较高。

6. 销售型（狐狸）

魅力指数★★★☆。

发展指数★★★☆。

强于运营，而忽视专业和沟通，我们称之为"销售型"医生。在他们的眼里，拼命地提高个人绩效和组织效益才是最终结果，可以将他们形象地比喻为"狐狸"。相对于管理型的"猴子"，虽然都注重运营，但是他们欠缺了"猴子"的精明。他们的业绩大部分来自于陌生患者。由于专业能力和沟通能力是短板，以业绩为导向的"销售型"医生难以形成客户黏性和口碑效应。在消费者主权的时代，"狐狸"终究难以藏起它的尾巴，他们将举步维艰。其魅力指数和发展指数相对较低。

7. 全能型（超人）

魅力指数★★★★☆。

发展指数★★★★☆。

在专业、沟通、运营3个方面的表现都较佳，我们称之为"全能型"

医生，所以他们被形象地比喻为"超人"。他们既要有"老鹰"的结果导向，又要有"骆驼"的专业能力、"猴子"沟通能力，还要有"孔雀"的服务精神。他们是病人和同事眼中的偶像，是能够让别人敬佩的人，其魅力指数和发展指数都非常高。

这样一来，枯燥无味的道理变成了有趣的知识。大家可以相互对照并相互打趣和调侃，培训结束后，我经常听见医生们相互调侃：谁谁谁是老鹰型，谁谁谁是狐狸型……培训内容最终变成了大家茶余饭后的谈资，融入了大家的工作和生活当中。

反惯性思维

阅屏时代，所有的知识与信息都在抢夺用户的眼球，我们如何让知识变得有趣，从而在信息浪潮的竞争中获得胜出？答案是具备"反惯性思维"，在常规中制造反差，给人意料之外的结果。比如，我们跟婴儿做这样一个小游戏，用双手捂住你的脸，然后突然打开，这时候婴儿就会被逗笑。婴儿之所以会笑，是因为你之前给他的反馈是他看不到你的脸，过一会突然出现了，大脑在常规中出现了意外，就按下了喜悦的按钮，婴儿就被逗笑了。

人类的大脑对意外或者反差的事件特别敏感，反惯性思维就是一件事情本来惯性的预期是向北走，你故意向南走，甚至不是向南走，而是脑洞大开向天空飞去，向地面钻下去。你的反差越奇妙，有趣的效果就越好。下面看看我是如何用反惯性思维介绍"饲料行业意见领袖"知识点的。

在饲料销售过程中，意见领袖是谁呢？

购买饲料的养殖户中，有养殖大户和散户。我们可能会误以为养殖大户是意见领袖，散户是大众消费群体。当然，散户在养殖过程中可能会模仿养殖大户的养殖方法。但是相对于养殖大户对饲料的需求量来说，散户的需求显然微不足道，养殖大户才是饲料企业的主要销售客户。由此来看，养殖大户和散户都是饲料企业的消费者。显然我们还是没有找到消费意见领袖。到底谁在影响养殖大户的购买选择和购买决策呢？

项目组深入猪场调研后发现，养殖大户主要关心两个问题：第一、销路好，养的猪能卖个好价钱；第二、猪能够少生病，健康长大。顺着这个思路，项目组找到了两个人群，猪贩子和兽医。养殖户最怕的就是猪生病，猪生病就要找兽医，所以兽医对养殖户说吃什么饲料对猪的健康有利，那么养殖户自然就比较相信。另外，养殖户还要和猪贩子打好交道，从而确保他们的产品能有一个较好的销路。养殖户的意见领袖就是兽医和猪贩子，如图9-6所示。

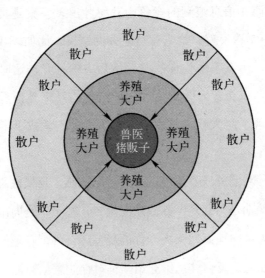

图9-6　谁是饲料销售的意见领袖？

但是，问题又来了，如何搞定意见领袖呢？

第9章 知识趣味化

项目组调查发现兽医的最大需求是职业资格证书，职业资格证书就是他们的生命线，他们有了证书就有了正式的信誉背书。于是饲料企业在乡镇建设了兽医天使站，并且联合专业的机构给兽医天使站的兽医们做认证，让他们获得职业资格从业证书。兽医的问题解决了，那么猪贩子呢？项目组调研发现，猪贩子虽然能赚到一些钱，但仍然需要一定的身份和地位。明确了这个需求后，饲料企业将这些猪贩子组织起来并向他们发出聘书，将他们聘请为公司的员工，还给他们取了一个较好听的职位名称——"收购专员"，从而满足了这些猪贩子对身份地位的需求。

口诀：让一切变得可执行

知识越简单就越容易执行和落地。优秀的培训师致力于将复杂问题简单化，用最简单、有趣的方式来讲清楚复杂的知识，让知识变得有趣且容易执行。如何让知识变得简单、易懂且易执行？"知识口诀化"就是这样一种有效的方法。曾国藩曾将安营扎寨、行军打仗、排兵布阵的要领编成歌诀——《陆军战胜歌》，并让全体将士传唱，从而让那些高深的军事学问变成人人能懂、容易执行的大白话。知识口诀化是指将知识与经验的操作步骤进行口诀化的升级，字数压缩到 10 个字之内，便于学员记忆、促进传播。我曾把医生诊疗流程编写成"口诀"，让所有的新医生人人学习、人人背诵，也较好地起到了防范医疗风险的目的：

一个微笑，问声好，观察询问，时费疗。

二问病情，查体到，预缴费用，办住院。

三谈检查，留名片，初步诊断，提方案。

四要确诊，请主任，补充检查，方案定。

五做治疗，技术好，术前沟通，要周到。

如何把知识编写成口诀？我总结了知识口诀化需要注意的几个要点：对仗、押韵、概要和递进。

1. 对仗

口诀的呈现形式一般是要"对仗"的，主要有三字诀、四字诀、五字诀和七字诀等。比如，"有计划、有布置、有检查、有改进"是三字诀；"产业为本、战略为势、创意为魂、金融为器"是四字诀；"事事有回音，件件有落实"是五字诀；"飞雪连天射白鹿，笑书神侠倚碧鸳"是七字诀。

2. 押韵

知识口诀化可以帮助知识快速传播，要实现这个目的，口诀一定要顺口，而不能绕口，一般最后一个字要押韵。很多文艺作品采用的都是最后一个字押韵的方式，这样说唱起来朗朗上口、容易记忆。除了押韵，也可以用"重复字"的方式，让口诀朗朗上口，比如，"紧急工作马上做，重要工作坚持做"等。

3. 概要

口诀是对知识和经验的高度总结，每句话都要概括出工作流程或步骤的关键点。比如，"汇报工作说结果、请示工作说方案、总结工作说流程、布置工作说标准"等。

4. 递进

口诀要呈现出工作流程或步骤的递进关系，让受众能通过背诵口诀掌握操作程序。比如，关于如何与朋友聊天的口诀：

一创：创造轻松氛围。

二找：寻找相关话题。

第 9 章 知识趣味化

三探：探寻共同兴趣。

四调：适时调整反馈。

提炼知识模型，让经验变得易传播

企业在发展的过程中，有很多成功的经验，比如，一些优秀销售人员的销售技巧等，若这些知识和经验是零散和杂乱的，则非常不利于传播。如何让知识和经验利于传播？就是要把知识模型化，把知识和经验简化成可推广的模型。

我们看看一些宠物店是如何销售商品的。

我曾带孩子逛宠物店，孩子喜欢一个 3 元钱的布丁仓鼠，看起来并不贵，但是，买了布丁仓鼠就需要有个笼子养着它，于是又花 45 元买了一个布丁仓鼠笼子。布丁仓鼠脏了要给它洗澡，于是又花 15 元买了洗澡的沙子，这还只是一次给布丁仓鼠洗澡的费用，以后还要持续购买。布丁仓鼠饿了，要给它食物，于是又买了一袋 15 元的食物（还得持续购买）。这样算下来，为了买那个 3 元钱的布丁仓鼠，这一次就消费了 78 元。

这样的销售经验，如果不提炼成模型，是不利于知识推广的。我们分析一下，宠物店采用了什么样的赚钱方式？宠物店通过低利润"布丁仓鼠"来创造"笼子""食物"等消费需求，带动"笼子""食物"等的销售，从而达到赚钱的目的。我们可以把它提炼为产品金字塔的盈利模式。位于金字塔底端的是免费或者低利润的基础产品，位于金字塔的顶端是营利性产品，如图 9-7 所示。

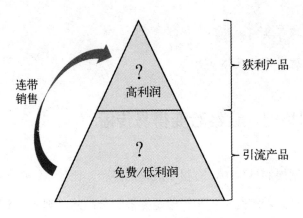

图 9-7　产品金字塔模型

知识模型化之后，就能不断地传播和应用。产品金字塔模型可以广泛地运用于各行各业。比如，在培训行业中，参加培训机构的公开课是免费的，但是要参加他们的收费班和特训营，就要支付费用了，培训机构就是靠收费班和特训营来盈利的；又比如，服饰是讲究整体搭配的，为了配一双特别的鞋子，消费者或许就要花钱换条裤子，那么裤子和鞋子是不是可以构建产品的金字塔呢？

知识模型化之后，才能利于传播和应用！

第 10 章　课堂生态化

学习者主权时代的创新型课堂

近年来，我们发现越来越多的培训会议的课桌摆列方式从"并列式"转变为"鱼骨式"，并诞生了各种各样的创新型课堂，例如，"私董会""工作坊""读书会""世界咖啡"等。这从侧面折射出老师与学员、学员与学员之间连接关系的变化。"并列式"是一种体现老师权威，以教授灌输为主导的培训形式。"鱼骨式"是体现学员互动，以互动讨论为主导的培训形式。这意味着学习者主权的崛起，也就是说，传统"以传授知识为中心"的教育将转变为"以满足学习者需求为中心"的教育，课堂不仅是授课场所，还是在构建一个学习生态的平台。

互联网时代，课堂将从"学习知识和技能"的功能定位转变到"构建学习型组织生态"的功能定位。互联网时代，未来环境都是未知的、不确定的。过去已知的成功经验，面对快速变化的外部环境已不能持续有效发挥作用。老师不再是高高在上的权威者，而是共同探索和分享的参与者，

"培训师主权"逐渐转变为"学习者主权",传统课堂以传授知识为中心,创新课堂则以满足学习者需求为中心。学习者将越来越享有自己的学习主权,自主地选择自己需要的学习内容,然后选择最合理的学习方法来实现高效的知识获取。传统课堂"一人讲、大家学"的单向讲授和灌输模式已不再适应互联网时代的培训需求,我们需要营造一个更加互动、开放的课堂,来建立学员的学习氛围,激活组织的创新活力。传统课堂与创新课堂的对比如图10-1所示。

传统课堂	创新课堂
✓ 学习知识与技能	✓ 建立学习型组织生态
✓ 培训师主权	✓ 学习者主权
✓ 以讲授知识为中心	✓ 以满足学习者需求为中心
✓ 单向、讲授、灌输	✓ 双向、分享、讨论
✓ 一对多	✓ 多对多
✓ 培训会、集训营	✓ 私董会、工作坊、读书会

图10-1 传统课堂与创新课堂的对比

1. 私董会

私董会的主要对象是企业家,他们以"身份共鸣、非利益冲突、私密性"为基本原则,一般由十几位人员组成一个"私人董事会小组",每月就其中某位成员现实工作中的重要问题展开讨论,深入剖析问题核心,相互提出极具价值的建议,分享来之不易的经验教训与创意,共同寻找解决方案并持续跟踪实施成效。

2. 工作坊

工作坊是一个多人共同参与的场域与过程,参与者在参与的过程中能够相互对话沟通、共同思考、调查与分析并提出方案或规划，同时一起讨论这个方案如何推动，甚至可以实际行动，这样的"聚会"与"一连串的过程"就叫作工作坊。换句话说，工作坊就是利用一个比较轻松、有趣的互动方式，将上述这些事情串联起来，成为一个系统的过程。比如，我为很多企业开展的"内训师课程开发工作坊"，通过工作坊的形式来带领内训师成功开发课件。

3．读书会

读书会，顾名思义就是以"读书"为主题的学习活动。互联网时代，读书会逐渐成为学习者之间相互连接的方式。比如，樊登读书会，从 0 到 1 经过了 5 年时间，会员人数已经发展到 880 万人，而且在持续增长，线上快速增长的会员数为线下书店引流。线下书店不仅仅只是卖书，而是构建圈子，建立连接，线上线下互动，有效连接资源。只要你能够为他人创造价值，就可以到书店举办线下专场活动，在为别人创造价值的同时，得到你自己想要的结果。

4．世界咖啡

世界咖啡是学习型组织最重要的交流工具，是一种有效的集体对话方式，被应用于全世界的各种文化场合。人们在真诚互利和共同学习的精神下齐聚一堂，通过营造好友们聚在一起喝咖啡聊天的氛围，背景各异、观念不一的人能够围坐在一起轻松交流和畅谈，让深藏的思想碰撞出火花，形成集体的智慧。

连接从破冰开始

传统的培训模式下，培训老师把学员召集在一起，进行一通"填鸭式"集训后,大家回到各自岗位工作,学员之间没有连接和互动。好的课程不仅是老师讲,还要通过很多活动让学员建立连接、相互关注、共同创造。学员之间的连接能促进彼此的相互信任关系。课堂生态化就是要竭力提升用户黏性,构建一个学习型课堂生态。要实现这一目标,首先要考虑的问题是如何让学员之间产生连接。

学员之间产生连接的前提是"破冰",所谓"冰"是指人与人之间的成见和看法,成见和看法会转化为固定的信念,使人与人之间结下一层不易融化的坚冰。坚冰会降低组织的合作效率,阻碍组织的发展。"破冰"的环节设计就是要消除影响学员交往的怀疑、猜忌和疏远。很多人认为"破冰"没有必要,是多此一举,殊不知,"破冰"作为培训中一项专业的技术,是整个培训能否达到预期效果的关键。如果把人的意识比作一座冰山,海平面以上看得见的仅是一小部分,更大的部分埋伏在海平面以下。"破冰"就是激活人的这种埋伏在海平面以下的潜意识。

"破冰"通常是讲师通过做一系列的"小游戏"来引导的,这些看似简单的游戏能在最短的时间内激发每个学员的潜能。资深的培训师更是注重每次培训中的"破冰"项目,往往都是安排具有较深心理学技术、内涵丰富、感染力强的项目来进行"破冰"互动。这样大大地保证了每次培训项目的成功进行。对于一些平时不常在一起的学员,"破冰"就应多采取一些活跃团队气氛的、有一定的沟通和肢体接触的活动和项目。对于团队职位层次较高、对娱乐兴趣不大的学员,就要有针对性地设置一些经典项目,通过一到两个项目的成功操作和教练的精彩点评让学员感受到互动的意义和魅力。

六上墙：可视化展示

课堂不只是上课的场所，它还是企业传播文化、统一员工思想的平台，是员工之间相互连接、增进友谊、迸发思想和学习成长的园地。我曾经参观过一些企业大学的培训场所，很多墙壁都是洁白的，员工走进来完全不能感受到组织的学习氛围。我们大多数人都是"因为看到，所以相信"，课堂的可视化展示是非常重要的，它能让员工迅速进入学习状态，它也是企业文化传播的一个载体。我曾经到一家公司任职培训总监，到培训部门的第一件事就是将"光溜溜"的墙面利用起来，让公司文化口号和活动素材上墙，每一位来参加培训的学员突然有了一种耳目一新的感觉，可以瞬间进入学习状态。

那么，如何做好"可视化展示"？我总结出"六上墙"工程，即目标上墙、进度上墙、评比上墙、口号上墙、图片上墙和制度上墙，如图10-2所示。

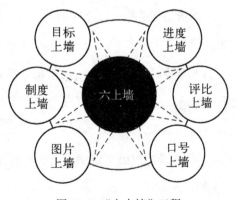

图10-2 "六上墙"工程

1. 目标上墙

目标上墙有利于提醒员工,让员工远离懈怠,保持一种紧张状态。比如,某医院要创评三级甲等医院,那么可以把目标亮出来,让员工进入一种"备战"状态,并投入到学习中。

2. 进度上墙

进度上墙能促使团队之间的相互比较和竞争,从而提高公司的生产效率。比如,某工厂在管理看板上写了一行文字"恭喜 A 组上周产量 2000 套",B 组看到后就会拼命地加班追赶。

3. 评比上墙

评比上墙是通过业绩或贡献评比出优秀者,将优秀者的头像或名字上墙,这样能够鼓励优秀者,鞭策落后者,比如,"年度最佳贡献奖""年度优秀员工"等。评比上墙是将"荣誉"可视化,可以塑造榜样、鼓励创新。比如,一家工厂的一位员工提出了一个创新的叉车路线规划建议,结果,公司不但采纳了他的建议,还将工厂的一条大道以他的名字命名,让工厂员工都记住了他。

4. 口号上墙

口号上墙是将企业的价值观进行可视化展示,让人人都能看见并记住。比如,我曾经去参观泸州老窖大学,它的门口立着一个雕塑,上面刻着十个大字"人才是资本,有为就有位",每个学员进出都能看到这十个大字,企业的价值观被潜移默化地植入员工心中。

5. 图片上墙

有图有真相,图片上墙就是把历史培训活动的素材上墙展示,让参加培训的人员能够感受到培训的氛围。

6. 制度上墙

制度上墙就是把员工需要掌握的核心制度、规则和行为规范上墙。比如，在医院中，我们将"六步洗手法"以图文形式上墙，让医院的每位员工经常能够看到，不知不觉就从"上墙"到"上心"了。

读书会，不只是读书这么简单

今天的读书会，早已不再是众人围坐一起，就一本书各谈自己心得体会的那副场景。在这块招牌之下，形形色色的组织和服务正在扩展着"读书会"概念的外延。它可以是学习小组，是思想沙龙，也可以是情感讲堂，是内容社区。你可以在咖啡店里加入一场讨论，也可以在微信公众号上分享你的阅读心得，读书会已变成一个构建生态圈的社群平台。

在江西上饶有一家连锁中医馆——徐氏中医，每个月都会举办一场公益读书会，他们邀请一些书籍的作者给学员做分享。这个栏目是对外开放的，不只限于公司的员工参加。每次读书会活动结束后，还要组织考试。对于考试成绩好的人员，公司还现场颁发奖学金。可能很多人会有疑问：开中医馆就好好地开中医馆，搞什么读书会呢？

徐氏中医的掌门人魏袈宸告诉我，读书会承担了很多功能，它既是员工学习提升的平台，也扮演了猎头、品牌宣传员和渠道招商员等的角色。为什么这么说呢？经过调查后，我发现在徐氏中医任职的高管中，一大部分人都是通过读书会认识并被吸引过来的。参加读书会，并且还能进入公司来工作的人，大部分是对徐氏中医的价值观比较认可的。不仅如此，很多参加读书会的陌生人，有的成了企业的加盟商，有的成了中医馆的"粉丝"，极大地促进了中医馆的发展。

读书会变成了一个传播企业使命、愿景和价值观的平台，通过文化输出可以整合顾客、资本和人才，如图10-3所示。通过读书会，企业的使命、愿景和价值观获得了顾客、资本和人才的认同。顾客认同能让企业具备盈利能力，从而能够获得资本认同；获得资本认同能为企业提供更多的资本支持，从而可以挖掘优秀人才；优秀人才会改善产品和服务，进而获得顾客认同等。顾客、资本和人才三者之间相互关联与促进，同时获得三者认同会带来释放巨大经济能量的一连串反应。徐氏中医正是通过读书会来传播企业文化，整合三者资源的。

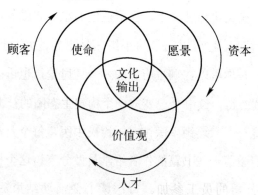

图 10-3　读书会的整合效应

好的企业文化能够获得顾客、资本和人才三者的认同。首先，让顾客认可企业的使命，例如，徐氏中医"让人人病有所医"，并且免费救助贫困户，倡导其治病救人的公益使命。其次，让资本认可企业愿景，例如，辉煌水暖——中国卫浴龙头品牌，利用强大的号召力召唤合作伙伴的加盟。最后，让人才认可企业的价值观，例如，海底捞始终给员工传递"为周遭的人传递幸福"的价值观。

1. 让顾客认可企业使命

随着社会的变迁，未来核心消费人群是80后、90后，他们更具有独立的思想和精神,更在乎内心的自我体验感。他们不再相信失败是成功之母,而更多地相信成功才是成功之母,他们需要的是正能量。企业要将核心理念提升到一个关注人类期望、价值和精神的新高度,倡导人文精神。人文精神是一种普遍的人类自我关怀,表现为对人的尊严、价值、命运的维护、追求和关切,对人类遗留下来的各种精神文化现象的高度珍视,对一种全面发展的理想人格的肯定和塑造。一个在未来能保持活力的企业,它的使命需要结合社会的矛盾点,比如,绿色环保问题、求职问题、住房问题和春节回家车票问题等,从这些矛盾中寻找价值点,从而使自己的使命具有价值感,更能获得顾客的青睐。

2. 让资本认可企业愿景

愿景的核心应当是可持续发展,因为这决定着企业未来长期的竞争优势。企业必须让合作伙伴明白,只有采用可持续发展的模式才能提高投资回报率、销售收入和企业价值。除了给合作伙伴展示企业在未来的宏观愿景外,企业还要将指标落实到当下的行动中。在未来的 3 年内,企业能获得什么样的前景,企业会长成什么样子等,这些都需要有一个量化的数据来支撑,从而打消合作伙伴的顾虑,获得合作伙伴的加盟。

3. 让人才认可企业的价值观

企业的价值观应当改变员工的生活,同时鼓励员工改变他人的生活。企业建立良好的价值判断标准,可以获得更大的人才竞争优势。员工在这样的价值观下,知道什么行为是提倡的,什么行为是不被允许的,从而提高内部的沟通效率,提高企业的生产效率,并且改善消费者体验。员工认同企业的价值观就会努力工作并且积极地传播企业的品牌。

翻转课堂：以"师者心态"去学习

近几年比较流行的翻转课堂也是课堂生态化的一种形式。翻转课堂是指重新调整课堂内外的时间，将学习的决定权从教师转移给学生。在这种教学模式下，课堂内学生能够更专注于项目的学习，共同研究解决项目命题问题，从而获得更深层次的理解。教师不再占用课堂的时间来讲授信息，这些信息需要学生在课前通过看视频、听播客和阅读公众号等自主完成。学生可以在网络上与别的同学讨论，可以在任何时候去查阅需要的材料，教师也可以有更多的时间与每个人交流。在课后，学生自主规划学习内容、节奏、风格和呈现知识的方式，教师则采用讲授法和协作法来满足学生的需要，促成他们的个性化学习，其目标是让学生通过实践获得更真实的学习。

简单点说，就是老师不再是知识的教授者，而是引导者。学生组成小组，共同对一个课题进行学习，形成学习成果，并进行分享和讲授。这要求学员们从"学生心态"转换到"师者心态"。什么是"师者心态"？"师者心态"就是要抱着老师的心态去完成对知识的学习。不知道大家有没有这样的体会，当你以学生心态去学习的时候，学习知识是不透彻的，因为在自己的内心，认为自己是学生，有些内容不懂也很正常，就会产生学习惰性。但是，如果你要给别人当老师呢？你必须自己首先把内容掌握透彻，要不然，当学生问起时，你自己都不懂，如何回答别人呢？这就是"师者心态"。我认为，翻转课堂的关键不在于形式，而在于"心态"的转换。

如何成功地实施翻转课堂？我们可以按照以下的流程步骤来进行，如图10-4所示。

第 10 章　课堂生态化

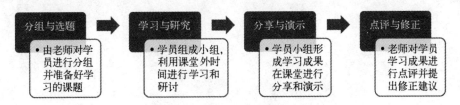

图 10-4　翻转课堂的流程步骤

1．分组与选题

由老师对学员进行分组，并给学员准备好学习的课题或任务。比如，在给医院的导医们做培训时，其中一项内容是要让导医熟悉医院所有功能区，以便顺利地将病人指引到目标位置。普遍做法是给导医们上一堂"医院功能区划分"的课程。但是，受翻转课堂的启发，我并没有这么做。我把导医分成小组，让其中一个小组领这个课题。他们利用课外时间走遍医院的每个角落，进行拍照并画图，把"医院的功能划分"做成了一个课件给大家分享。

2．学习与研究

各小组领到相应任务后，就进入了学习与研究的过程。整个学习过程由学员小组自行想办法完成。学员可以到网上查找资料，也可以实地调研。比如，我曾给一家饲料企业销售团队布置了一个"××区域养殖户现状"的课题，学员通过网上查找资料，同时到各乡镇实地调研，最终整理出一份非常有价值的资料。

3．分享与演示

学员将学习与研究形成的成果在课堂上进行分享和演示。这个阶段非常关键，它可以检测学员前期的学习和研究是否深入。

4．点评与修正

老师对学员的成果展示进行点评并提出修正意见。学员根据老师的修正建议继续深入学习，并将学习成果进行改善和转化。

第 11 章 落 地 师

什么是落地师

落地师是指在企业内部以解决问题为导向，以提升绩效为目标，将创新的企业管理模式、经验和方法等培训内容在组织内部落地实施，并持续推动组织创新的人。在职能定位上，落地师与内训师之间的区别在于：内训师的职能主要是内容开发和课程讲授，而落地师则要完成培训项目的问题诊断、内容开发、课程讲授、带教训练、认证评估和辅导改进全价值链管理等任务。

内训师主要以课程讲授的形式将培训对象从工作中抽提出来，在特定的时间、空间里进行专题学习活动，培训以课程结束为终点，缺乏落地过程辅导。这样的培训将学习与工作场景分割，针对性不强，培训内容转化链条长，学员学完课程感觉有道理，但自己如何做还是一头雾水，看不到直接效果。落地师则以解决组织问题为导向，直指业绩与目标，工作场景即学习场景。将工作与学习无缝对接，在落地中进行带教与训练，从而改变团队行为，优化工作流程，提升客户满意度和增加组织绩效。对内训师，主要是认证其课程开发和课程讲授技能，而对落地师，主要认证其落地的结果，而非认证其技能，见表11-1。

表11-1 内训师与落地师比较

项 目	内 训 师	落 地 师
角色	鹦鹉	猫头鹰
目标	转化链条长	直指业绩与目标
导向	针对性不强	以解决问题为导向
内容	场景割裂	工作即学习
形式	讲解	带教训练
评估	认证技能	认证结果

举个例子：

假如要教给销售人员客户管理的2080法则，即80%的业绩是由20%的优质客户产生的，我们要将更多的资源和时间分配在20%的优质客户身上。内部培训讲师大多按照以下大纲来讲授。

第一节 2080法则的定义

第二节 2080法则的意义

第三节 2080法则的方法

第四节 2080法则的应用

学员有没有认真学？学完会不会用？用完有没有效？等内训师都不考虑，这样的培训方式转化链条太长。

落地师则将培训内容与工作场景结合，直指业绩与目标。我之前在某企业做落地师项目时，同样是2080的客户管理法则，通过深入调研和访谈，我将其客户做成五星分类，见表11-2。

表 11-2 客户星级分类表

客户分类	陌生客户	意向客户	成交客户	忠诚客户	标杆客户
星级	☆	☆☆	☆☆☆	☆☆☆☆	☆☆☆☆☆
业务员 A	38	10	8	7	1
业务员 B	24	12	5	3	0
业务员 C	20	14	3	1	0
业务员 D	12	15	9	6	2
业务员 E	36	16	8	4	1

这张按照 2080 法则的客户星级分类表，被展示在办事处会议室的墙上，并每天更新数据。通过微信、短信群发战报。比如，

"恭喜×××今天达成成交客户 1 家，意向客户 3 家"

"×××今天拜访陌生客户 15 家，意向客户 3 家，我们一起为他喝彩"

战报的意义在于让每个业务员及时了解市场战况，了解别人的开发进度，鼓励优秀者，鞭策落后者。同时，我从优秀业务人员身上萃取出从一星到五星每个阶段类型客户的战法——五星客户战法。

业务人员每天拜访完客户回到办事处，我会组织大家开会，其中一项内容就是大家对每个阶段类型客户的攻破方法进行讨论。每个人头脑风暴，有的讲述自己的成功经历，有的讲述自己的困惑，有的讲述自己的想法和创意，有的讲述某个书本上的知识点等。大家集思广益，慢慢就形成了一套《五星客户战法》的知识地图，这些知识和案例不断地用于实践，又从实践中产生和修正，如图 11-1 所示。这即是落地师"以问题为导向""直指业绩与目标""工作即学习"的最佳诠释。这样一幅知识地图逐渐形

成一个可复制、可传播的标准化模版。一个新人进来，什么都不会也没关系，只要照着这个五星客户战法去做，就能开发出客户。

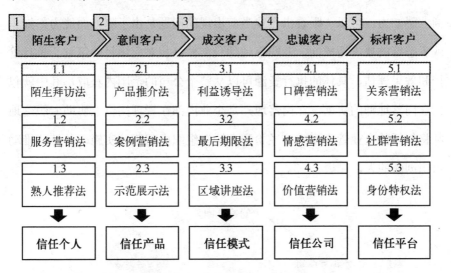

图 11-1　五星客户战法

讲课结束不是终点，而是始点

内训师以课程讲授完为终点，而落地师以课程讲授完为始点。内部讲师定位于内容开发和课程讲授，课程讲授完，大家一鼓掌、一测试，学习就此结束，最多布置一个课后作业。而落地师则要完成培训项目的问题诊断、内容开发、课程讲授、带教训练、认证评估和辅导改进全价值链管理等任务，如图 11-2 所示。课程内容讲授完仅仅是真正落地工作的开始，后期还要反复地带教训练，认证评估和辅导改进，直至培训内容的落地。

落地师分为专职落地师和在岗落地师。在问题诊断、内容开发、课程讲授、带教训练、认证评估和辅导改进全价值链管理的过程中，专职落地师和在岗落地师各有分工。专职落地师不但是学习与培训管理的专家，他们还必须是具有丰富业务经验的人,他们最好从事过企业的业务管理工作,同时又在培训或咨询机构工作过。他们要具有敏锐的洞察力和良好的商业感知力,可以一眼看出企业当前出现的问题是由于哪方面能力、知识或者态度的缺失造成的。专职落地师只需做好相对应项目的策划、执行管控和效果评估,具体的执行资源可以从整个公司的范围内获取,其中就包括在岗落地师的协助。在岗落地师是企业内部在管理岗位上协助专职落地师将创新的企业管理模式、经验和方法在组织内部落地实施,并持续推动组织创新的人,见表11-3。

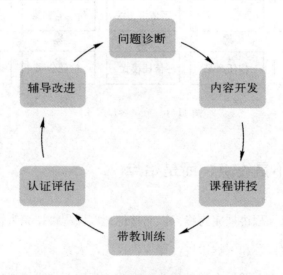

图 11-2　落地师职责

表 11-3　专职落地师和在岗落地师职责

职能	专职落地师	在岗落地师
问题诊断	问题调研诊断与培训项目设计	人员访谈组织与调研配合
内容开发	知识与经验萃取	知识、经验与案例贡献
课程讲授	在岗落地师认证营培训	复制导入

(续)

职　　能	专职落地师	在岗落地师
带教训练	督导	下属人员带教训练
认证评估	认证评估标准、流程、形式	提案、接受考核
辅导改进	督导	问题改善

我服务于播恩时，作为专职落地师，曾深入广东茂名办事处样板市场，进行了为期半年的教练工作，与茂名区域经理（在岗落地师）一起萃取出一套标准化市场作战方法——客户开发 7 步法，并将这套标准化作战方法形成 PPT 和手册。

然后，我们打造了一个落地师训练营，组建落地委员会，并召集各办事处经理进行了为期 3 天的封闭式集训。各区域经理即为在岗落地师，他们要将集训营所学的模式、经验和方法带到自己所在的区域进行落地，对下属人员进行培训、带教训练。在复制推广两个月后，各位落地师要参加落地师认证考核。根据落地效果判断人员行为是否有变化？运营效率是否有变化？客户满意度是否有变化？业绩是否有变化？落地师需要进行提案并举证。落地委员会对落地结果进行评估，对落地师进行等级评级。认证考核完后对成绩优异的落地师进行奖励，对落地不合格的区域，其在岗落地师要进行二次复训，直至将成功的经验和方法落地。

工作即学习

学习的目的在于运用，企业培训不能脱离业务。传统的培训方式将学员组织到课堂进行一通知识灌输，割裂了工作场景，导致所学的知识转化困难。而落地师模式则提倡"工作即学习"，在工作中完成带教训练，将所学的内容完全与工作关联并落地。举例如下。

　　我曾经作为落地师辅导一家小型生产制造型企业,这种类型企业的信息化建设相对落后,企业人员文化程度不高,该怎么对这些人员培训落地?我首先找了一个对企业业绩和客户满意度影响比较大的环节入手。经过调研发现,发货部门的问题非常严重。发货主管向我抱怨下属员工的素质低,没有主观能动性,推一步走一步,工作马虎,基本上事事都要主管操心,而一个人精力又有限,导致自己天天处于"救火"的状态,他期望对发货员做一些《执行力》的课程培训。传统培训的做法是选定好老师,在一个特定的时间给这些发货员讲授《执行力》的课程,大大宣讲一番执行力的重要性。然后你会发现,这些发货员听的时候感觉很有道理,但是回到岗位上,以前怎么做还是怎么做,毫无改变。传统培训割裂了工作场景,导致内容需要转化,增加了落地难度。

　　经过调研,我发现发货员经常会出现以下这些问题。

　　1)有时候要送货,结果电瓶车忘了充电,送不了货,客户干着急。有时候电瓶车晚上充电忘拔插头,存在安全隐患。

　　2)哪家要送多少、实际送了多少、这种数据从来不记录,导致送货没计划,每次都是被客户催促得像热锅上的蚂蚁。

　　3)客户着急要的货不能及时跟踪生产线,导致生产滞后。

　　4)送货单、快递单从不整理,导致客户没有收到货问快递号时,要花大量的时间找单子,有时甚至单子都无法找到。

　　这些问题都是对工作职责和工作标准的认知不到位产生的。于是,我深入梳理发货员的日常工作,梳理出了发货日常所要做好的"8件事",并编写成顺口溜,方便发货员记忆。

急上墙，催生产；

送货快，打包强；

单子全，表上填；

车三管，把照传。

同时，我还制作了一张日事日毕清单，每天下班前发货员要核对发货"8件事"是否完成，见表11-4。

表11-4 日事日毕清单

日事日毕清单		
1. 急上墙		
今天客户急件是否上墙？	□ YES	□ NO
2. 催生产		
今天是否跟踪急件生产进度？	□ YES	□ NO
3. 送货快		
今天是否把周边客户需要的货送完？	□ YES	□ NO
4. 打包强		
今天是否把外地需要发的货发完？	□ YES	□ NO
5. 单子全		
今天是否整理好快递单和发货单？	□ YES	□ NO
6. 表上填		
今天是否把发出货的数量统计？	□ YES	□ NO
7. 车三管		
送货电瓶车是否管充电、管修理、管归位？	□ YES	□ NO
8. 把照传		
今天发货单、快递单是否一一拍照发客户？	□ YES	□ NO

把发货员的工作标准化成8件事之后，接下来就是对发货员进行培训，在实际工作中进行带教。一个习惯的养成不是一朝一夕的事，培训了一次之后，我发现有些发货员依然不能把8件事做完。比如，

最后一件事"把照传",有些发货员就会忘了做。还是有客户打电话来问货发出没有,发了多少数量,快递单号是多少等,所以带教的过程要强化反馈训练。每次遇到这种情况,我会这样和发货员对话,以强化训练:

落地师:某某,请问发货8件事中的最后一件事是什么?

发货员:把照传。

落地师:你能解释一下什么意思吗?

发货员:就是每天要把发货单、快递单一一拍照发给客户。

落地师:哦,那你管理的客户今天又追问前几天的货有没有发出。

发货员:不好意思,我昨天忘了……

落地师:那你再重复一遍吧!

发货员:每天要把发货单、快递单一一拍照发给客户。

落地师:记住了吗?以后……

落地师不是将培训与工作场景割裂,而是紧密贴合业务需求,在工作中完成对人员的带教训练,完成培训内容的落地。因此,合格的落地师都需要掌握教练技能。首先,落地师需要具备良好的职业素养,比如,工作现场的 5S 管理法。其次,落地师还要具备问题诊断、工作分析、流程改善和人员带教的能力,见表 11-5。

表 11-5　落地师教练技术课

模　块	课　题
认知	从专业高手到组织教练:落地师角色认知
	刻意练习:理念、行为到结果的转化
素养	人人必学的 5S 管理方法
	团队管理中的仪式感营造方法

（续）

模块	课题
技能	问题诊断技术
	工作分析与经验萃取技术
方法	工作带教4步法
	PDCA目标管理法

刻意训练

很多企业做培训，往往都是只"培"不"训"。"培"即培育，"训"即训练。"培"只是让人"知道"，而"训"才能真正让人"做到"。很多企业课程内容讲完，学员一鼓掌，然后再做一个满意度调查和考试试卷就结束了，整个培训缺乏落地训练的过程，这样培训是很难落地的。

从知道到做到需要大量的刻意训练。比如，我们学开车，并不是老师教一遍你就会了，还需要大量练习才能上路。还有我们学礼仪，不是光知道礼仪的常识就够了。微笑点头等仪态举止等都是需要训练的，看看那些空姐平时是如何训练的，才知道微笑的背后是多么不易。"知道"到"做到"之间存在较大的鸿沟，这个鸿沟必须靠大量训练来填平。一项技能只有经过训练才能得心应手，才能逐渐变成习惯，最后内化成本能。

传统培训重"培"而轻"训"，以学员满意为目标，大部分精力专注于PPT和讲授技巧，讲授内容以"知识点"为主。落地师则关注"训"强过"培"，落地师以学员的行为改变为目标，大部分精力专注于学员训练项目的设计。落地师更加注重培训内容中可落地的"行动点"而不是"知识点"，"知识点"需要学员自己去转化，而"行动点"呢，学员只需要照做就行了，见表11-6。比如，我前面提炼的发货人员8件事，每一件事都是直接提炼出"行动点",直指学员的行为改变。

表 11-6　落地师与培训师的区别

培训师	落地师
关注"培育"	关注"训练"
专注于 PPT 和讲授技巧	专注训练项目设计
知识点	行动点
以学员满意为目标	以学员行为改变为目标

我曾经给一家医疗集团的护理人员做礼仪培训。在此之前,他们起码请过不下 10 个老师给他们讲礼仪课,内容有所差异,但方法都差不多。可每次课程讲完,护士们的行为仍毫无变化。这是为什么呢?礼仪并不是讲一堂知识课就能解决的问题,而是要经过大量的训练。很多人从小到大都是不正确的坐姿、站姿,这已经成为习惯。通过一堂课,传授一点仪容、仪表的知识,就想改变别人几十年的习惯,这简直是痴人说梦。作为落地师不能痴迷于礼仪知识的传播,而要专注于"行动点"的设计。我把改善整个护理人员礼仪的培训分为以下几个练习。

1)插花课:护理人员工作压力大,通过插花艺术,让护理人员放松心情,缓解压力,同时帮其建立对美的认知。

2)礼仪操:我把微笑点头、握手致礼等礼仪动作编成一套广播体操,大家工作间隙可以跳,既可以作为一项锻炼,也可以练习礼仪规范动作。

3)瑜伽课:通过练习瑜伽,让护理人员改变自己的体态,提升气质。

4)妆容课:让护理人员学习并实操一些基本的化妆技能,行为改变从仪容、仪表开始。

5）模拟课：通过服务场景的模拟，让护理人员掌握一些基本的文明用语和行为举止。

通过这一系列的行动和训练，护理人员的形象气质、行为举止逐渐发生了转变，患者的满意度逐渐得到提升。

带教技能

为什么有的学员进步神速，而有的学员停止不前？答案是进步神速的人无一不经过大量的刻意训练。刻意训练是指为了提高绩效而被刻意设计出来的练习，它要求一个人离开自己的熟练和舒适区域，不断地依据方法去练习和提高，见表11-7。举例如下。

表11-7 随意训练与刻意训练

随 意 训 练	刻 意 训 练
没有针对性	离开舒适区
三天打鱼两天晒网	大量重复训练
无反馈与改进	持续反馈与改进

我高中时学习很勤奋，买了一大堆参考书，每天"昏天黑地"地做题，但是成绩仍不见提高。我观察一位成绩优异的同学后发现，他非常重视课本知识点，每次我问他问题，他都能告诉我这个知识点在课本第几页第几行。当他做错了一道题，就会回到课本，把这道题考察的知识点弄懂、掌握透，然后再找几十道同类型的题进行针对性练习，这样的练习就是刻意训练。而我以前那种随意练习的方法就是一条死胡同，会做的天天做，不会做的还是没掌握，没有针对性，也没有反馈与改进，所以收效甚微。当我使用刻意练习的方法后，成绩进步神速。

优秀的落地师必须具备带教技能,让学员进入"刻意训练"的状态,主要做到以下 3 个方面。

1. 离开舒适区

人在面临任务的时候,心理上有 3 个区域:舒适区——能力范围内;学习区——稍微高出能力范围;恐慌区——远超现有能力范围,如图 11-3 所示。带教过程中,尽量让学员离开舒适区,想办法更多地让学员停留在学习区。如果长时间停留在舒适区,能力基本上很难增长。拿篮球来说,为什么一个非常有天赋的篮球爱好者的水平永远比不上一个接受过专业训练的篮球运动员(即使他天资平庸)?就是因为篮球爱好者长时间停留在舒适区,他们纯粹为了乐趣而打球,他们享受打球的过程,按照自己熟悉的方式打着让自己舒服的篮球。而篮球运动员可不是这样,他们经常在不舒服的位置、用不舒服的方式打球,目的就是克服自己的短板。

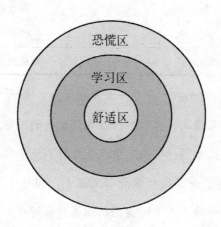

图 11-3　离开舒适区

优秀的落地师能够了解每一个学员的"短板"——学习区,并引导学员进行针对性练习。比如，我曾经给一家电商公司的销售客服人员培训，新来的客服人员特别害怕回答顾客的问题，比如，"为什么这么贵？""能否便宜一些？""产品质量好不好？"等。于是我把这些问题做成话术，对新员工进行训练。我还充当神秘顾客去检验他们的学习情况，让新员工远离舒适区，掌握新技能。

2．大量重复训练

马尔科姆·格拉德威尔在其畅销书《异类：不一样的成功启示录》中提出"10000小时"的概念。意思是说，一个人要想完美掌握某项技能，就必须大量重复练习，而且练习时长的最小临界量是10000小时。我们学习某项技能时，能够做到，并不代表已经成为习惯；成为习惯，并不代表成为本能，这中间需要大量重复训练，如图11-4所示。比如，我们学习站姿礼仪，很多人听了课后上台示范，都能够做到"站如松"的站姿。可是回到工作岗位没多久，依然是过去低头佝背的状态，为什么呢？因为以前的那种状态成了一种习惯，而新学的东西没有经过大量重复训练，很快被过去的习惯所"打倒"。长期坚持一个习惯，慢慢地会变成本能。比如，一些开了几十年车的司机，面对一些交通状况时，手上的动作会变成一种下意识的本能。

图11-4 大量重复训练

优秀的落地师在带教过程中十分重视学员的重复训练。我带教某公司的销售新人时，曾经提出"25plan"目标，即每人每天要完成25个新客户的拜访工作，每天总结每个客户的拜访话术运用是否合理。

3. 持续反馈与改进

反馈是指任何让你知道自己现在做得怎么样，以及距离理想目标有多远的方式。没有反馈的练习就相当于踢球没有球门、考试没有答案——无法通过结果来纠正和诊断学员的学习情况。没有反馈和改进，学习产生成效的概率就比较低。我曾经一个月体重减了20斤，主要就是靠两点——跑步和电子秤。为什么电子秤这么重要？因为它是反馈减肥效果的工具。慢跑、快跑和骑自行车3种方式燃烧脂肪的效率是不一样的，有了电子秤就可以知道各种运动方式的效率，从而选择最佳方式，见表11-8。其次，每天的反馈数据都呈现出每一步的小成功，可以不断地激励自己坚持下去。持续反馈与行动同样重要，落地师在对学员刻意训练的计划中，一定要加入持续的反馈。

表11-8 减肥反馈数据

时间	运动	体重/kg
第1天	慢跑1小时	75.5
第2天	慢跑1小时	75.4
第3天	快跑1小时	75.2
第4天	快步半小时	75.1
第5天	骑车1小时+慢跑1小时	74.8
第6天	骑车1小时+慢跑1小时	74.5
第7天	骑车1小时+快跑1小时	74.1
第8天	骑车2小时+慢跑1小时	73.7
第9天	慢跑3小时	73.2

（续）

时间	运动	体重/kg
第 10 天	慢跑 2 小时	72.9
第 11 天	骑车 2 小时+慢跑 1 小时	72.6
第 12 天	骑车 1 小时+慢跑 1 小时	72.2
第 13 天	骑车 1 小时+慢跑 1 小时	71.9
第 14 天	慢跑 2 小时	71.7
第 15 天	骑车 1 小时+慢跑 1 小时	71.4
第 16 天	骑车 1 小时+慢跑 1 小时	71.1
第 17 天	骑车 1 小时+慢跑 1 小时	70.7
第 18 天	骑车 1 小时+慢跑 1 小时	70.4

比如，为了训练团队成员陌生客户拜访的能力，我设计了陌生客户拜访的"自检清单"，清单上分类列出了十几个陌生客户拜访的基本原则，如"是否带了资料""是否形象整洁""是否引起客户反感""是否引起客户兴趣"等。业务员只需要在陌生客户拜访之后按照这些原则去自检，就可以得到基本的反馈。除了让学员自我检查，还有很多反馈的方式，比如，设置每周的团队分享会，让每个人分享自己的客户拜访技巧，分享自己本周最得意的一个客户拜访案例等。很多人担心自己讲不出"干货"，于是就会好好练习。

刻意训练并不是一件轻松有趣的事情，如果缺乏反馈和激励，很少有人能够长时间坚持下去。

认证结果，而非技能

内训师认证技能，落地师认证结果。要成为一个内训师，主要认证其技能是否合格，比如，PPT 的制作技能、讲授课程的技能等。而要成为一个落地师，并非认证其技能，而是认证其落地的成果。评委会主要评估落地师所带教团队的行为表现是否有变化，业务的流程是否得到改善，客户满意度是否得到提高，组织的绩效是否产生变化等，见表 11-9。

表 11-9　××公司落地师认证表

××公司落地师认证评估表

姓名：□□□□　　　部门：□□□□　　　岗位：□□□□

评估项目	评估内容	评估	举证	不通过理由
行为变化	带教员工行为是否有变化？	□YES □NO		
流程改善	流程效率是否得到提高？	□YES □NO		
客户满意	客户满意度是否得到提高？	□YES □NO		
业绩增长	团队业绩是否有较大增长？	□YES □NO		

改进建议：

评委签名：□□□□

落地师一般从企业内部管理者或预备管理者中选拔，被选拔人员首先要符合企业的价值观，其次个人业务技能要娴熟。这两点只是成为落地师必备的基础条件，要成为一个真正合格的落地师，还需要通过专业的认证评估。落地师的认证评估一般采用提案答辩的方式进行，评委会的老师由落地委员会的成员组成。参加落地师认证的成员需要准备好提案 PPT，提案内容包括 4 个部分。

1）带教团队落地前和落地后的行为变化（举证）。

2）工作流程效率落地前和落地后的变化（举证）。

3）客户满意度在落地前和落地后的变化（举证）。

4）带教团队业绩落地前和落地后的变化（举证）。

参加落地师认证的成员要先提案，后回答评委的提问。提案的内容需要举证素材，举证素材不能造假。落地委员会有督查举证素材真实性的职责，一经发现造假，将取消被认证者的认证资格。

评委对被认证者落地成果的每一项进行评估（YES 或 NO），每一评估项目有超过 60%的评委选择 YES，则该项为 YES，否则为 NO。

综合评定的结果，我们可以对应到落地师的等级，见表 11-10。能实现团队行为表现改变的，评为初级落地师；能实现团队行为改变和工作流程改善的，评为中级落地师；能实现团队行为改变、工作流程改善和客户满意度提升的，评为高级落地师；能实现团队行为改变、工作流程改善、客户满意度提升和组织业绩提升的，评为资深落地师。如果所有项都为 NO，则落地师认证不通过，被认证者需要继续改善，并重新认证。

表 11-10 落地师等级评估

认证等级	行为变化	流程变化	满意度变化	业绩变化
初级落地师	YES	NO	NO	NO
中级落地师	YES	YES	NO	NO
高级落地师	YES	YES	YES	NO
资深落地师	YES	YES	YES	YES

落地委员会

落地委员会（简称落地委）是为推动落地师项目而设定的临时性组织机构，它是孵化人才的摇篮，是组织创新与变革的推进器。落地委的成员主要由落地项目的相关部门核心管理层组成，比如，落地项目为销售系统，那么落地委员会的成员可能由总经理、营销总监和销售分公司总经理组成。在企业举办一届落地项目之后，第二届落地委成员也可以从第一届落地工作表现优异的落地师中产生，只要经过两名以上的历届落地委成员推荐即可。

落地委成员的职责主要包括"支持""指导""监督""评估"。

1）支持。调动一切可调动的资源，支持和配合落地项目的实施。

2）指导。指导落地工作的实施。

3）监督。监督落地师落地工作的执行。

4）评估。对落地师落地工作进行认证评估。

落地委员会组织岗位主要包括：主任委员、副主任委员、秘书长、专业落地师和委员等。落地师项目是推动企业创新与变革的战略级项目，主任委员一般由企业"一把手"担任，以提升落地师项目在企业的战略地位；副主任委员一般由落地项目主题模块的最高负责人担任，比如，落地内容是营销模块，则由营销总监担任，生产模块由生产副总担任；秘书长一般由分管公司行政后勤工作的副总担任，以保障落地工作中的资源调配；专业落地师，即整个培训项目的设计师和负责人，一般由企业大学培训专家担任，专业落地师要完成问题诊断、方案设计和内容开发等工作；落地委员会的委员从分公司总经理、大区总监等主要核心骨干中产生。

第 11 章 落地师

落地师项目流程

落地师项目执行主要有 6 个步骤:问题诊断、方案设计、经验萃取、开营培训、落地复制和检核认证,如图 11-5 所示。

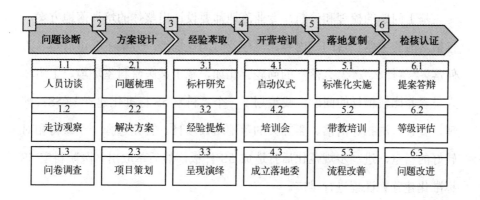

图 11-5 落地师项目流程

1. 问题诊断

问题一般有两个表现,在客观上可能是产品质量下降、生产进度放慢、安全事故和消费者投诉增加等,主观上则表现为企业内部员工的不满情绪增加、消极怠工、配合效率降低和相互抱怨等。面对同一个问题,不同级别、不同部门岗位的人反映的情况、认为的原因也不一样。要想解决这些问题,往往需要我们在大量表象问题的背后识别更为深层的原因。

比如,我给一家物流公司做问题诊断时,老板告诉我,基层员工工作纪律散漫,"磨洋工"现象比较严重,但我认为这只是表面现象。深入调研发现,部门工作根本无计划、无明确的分工,也没有检查和督导改进管理机制才是深层原因。于是,我在设计培训方案时,主要导入 PDCA(计划、执行、检查、处理)管理工具。如果不能挖掘到深层原因,我们就会"头痛医头,脚痛医脚",看到员工"磨洋工"就认为是员工执行力的问题,然后给员工培训《执行力》课程,结果可能并没有太大效用。

2. 方案设计

基于问题的梳理和诊断,专业落地师要设计出整体的培训落地方案,包括落地的主题、目的、内容、流程及时间规划等,方案主要讲清楚"为何落""落什么""怎么落"的问题。比如,基于某医院科室环境、卫生和人员素养比较糟糕的问题,我策划了一个"科室 5S 标准化建置"(5S:整理、整顿、清扫、清洁、素养)的落地培训项目。首先选择一个做得相对较好的科室,进一步规范化后打造成 5S 样板,然后萃取出《医院科室 5S 标准化建置》课程进行推广。

3. 经验萃取

经验萃取有 3 种方法:问题访谈、情景模拟和跟随观察。

1)问题访谈。针对标杆人员的问题访谈,什么知识应该先被萃取?答案非常简单:每个部门被员工和其他部门询问最多的问题,这些知识是最容易"变现"的。

2)情景模拟。实操能力强、理论偏弱的业务精英,往往不太会讲出"所以然",这时给他们一个相应的场景就会容易很多,之后再由专业落地师提炼知识点即可。

3)跟随观察。就是跟随业务精英工作,从过程中观察并总结出优秀经验。

4. 开营培训

经过经验萃取,形成可复制和落地的知识范本后,开始对在岗落地师进行开营培训，让在岗落地师首先掌握这一套标准化的知识范本。然后结合自身部门或团队的特点进行落地复制。集训营的形式一般是封闭式"培+训"的模式，包括知识讲授、工具使用、情景模拟、沙盘演练和小组竞技等，通过几天的强化培训，让在岗落地师掌握要点并达到能够落地的标准。

5. 落地复制

对在岗落地师进行开营培训之后，在岗落地师回到自己所在岗位进行落地推广。比如，召集各科室的护士长进行《医院科室 5S 标准化建置》培训后，护士长回到自己的科室带领科室的护士进行"5S 标准"的落地，落地复制的过程中，护士长要对下属护士进行带教。通过一段时间的落地复制工作，护士长需要参加落地委员会举办的落地师等级认证，以此检核落地情况。

6. 检核认证

工具使用让知识得以落实到行动，流程固化让知识变成一种自觉的行为。而这一切，还需要一个保证手段，那就是强制性的检核认证。通过制定不同级别的检核认证内容，定期（如半年一次）强制让在岗落地师参加等级认证。认证结果与个人的晋升、评优和收入挂钩，以此来激励落地项目的执行。认证是公司的一项全民性运动，它的作用是督促培训内容的落地。

第12章 促行式评估

促行式评估：跨越知行鸿沟

被企业广泛推崇的培训效果评估工具——柯氏四级评估，指导了工业化时代企业培训的发展历程。它把对培训效果的评估分为四个层级：第一、反应评估，评估被培训者的满意程度；第二、学习评估，测定被培训者的学习获得程度；第三、行为评估，考察被培训者的知识运用程度；第四、成果评估，计算培训创出的经济效益。

柯氏四级评估的基本逻辑是：学员学习有用的知识，予以掌握，并运用在工作中，进而改变组织的绩效。这种逻辑看似完美，但落地链条太长，第二级和第三级中间存在培训落地的最大障碍——知行鸿沟（见图12-1）。即知易行难，让学员学到知识容易，而让知识运用于工作中较难。纵观企业培训现状，能够将四级评估完全落地的凤毛麟角。

我们组织了一场培训，就误以为学员学到了知识，其实离真正的掌握知识差了十万八千里，你以为学员学到了知识，其实他们只是"知道"。

第12章 促行式评估

你以为学员考试通过了就掌握了知识，其实只是囤积了一堆"知道"。只是停留在"知"，没有转化到"行"的层面，都不算掌握了知识。传统培训大都停留在"知"的层面，讲师讲完课，培训在学员的掌声中完美结束。学员考试得满分，行动得零分，听课听得很激动，回到岗位一动不动。这样的培训将"知"和"行"完全分离，培训出大量的知识"巨人"、行动"矮子"。没有行动，培训落地自然无从谈起。

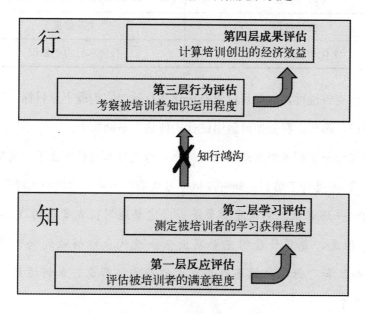

图12-1 知行鸿沟

我把对学员培训效果的评估分为"促知式评估""促行式评估"两种。"促知式评估"是考核学员是否"知道"的评估方式，如考试、问卷等形式，我把它称为"考场模式"，它比较适合文化和制度类知识的培训评估；"促行式评估"是考核学员是否"做到"的评估方式，如比赛、认证等形式，我把它称为"擂台模式"，它比较适合技能和行为类知识的培训评估。

促知式评估关注过程，它的逻辑是学员先知道某项知识，然后逐渐将知识转化到行动中，而促行式评估只关注结果和落地，见表12-1。

表12-1 促知式评估与促行式评估

促知式评估	促行式评估
考场	擂台
考核"知道"	考核"做到"
关注过程	关注结果
文化和制度类知识	技能和行为类知识

德鲁克曾说过，如果目标没有转化为行动，它们就不算目标，只能是梦想而已。那么，我们如何运用促行式评估？举例如下。

我曾给一家制造型企业做培训辅导，给发货人员梳理出了"发货员8条职责"，并进行了培训。如何评估学习效果？如果是"促知式评估"，大概会组织一场考试，测试发货员是否能完整地写出发货员的8条岗位职责。但是，发货员能够完全写出来，就代表能够做到吗？当然不是，"知"和"行"之间还存在巨大的鸿沟。那么，如何运用"促行式评估"？

我设置了一个"好好学习，天天抽奖"的评估方式。

"好好学习，天天抽奖"规则说明

一、奖项设置

奖 项	奖 金	数 量
特等奖	100元	2张
一等奖	20元	10张
二等奖	5元	80张

第 12 章 促行式评估

二、抽奖条件

发货人员在一个月的实习培训期间，每天做好发货 8 件事，并填写《发货员日常事务自检卡》，每天做到"日事日毕，日清日结"就拥有 1 次抽奖机会。如果当天有一件事未完成，则当天不享有抽奖机会。

发货员日常事务自检卡

姓名：_____ 月份：_____ 岗位：_____

考核日期	发货员8件事								证明人员	审核人员
	急上墙	催生产	送货快	打包强	单子全	表上填	车三管	把照传		

三、兑奖规则

1）抽奖奖金在一个月实习培训结束后核算发放。

2）为获奖金数最多者颁发荣誉证书。

3）三不准：不准弄虚作假，不准互相包庇，不准破坏规则。一经发现取消当事人所有兑奖权利。

通过"好好学习，天天抽奖"的评估方式，发货人员每天都可以将发货 8 件事落实到行动中。发货员可能会忘记发货 8 件事中的任何一件，但下班的时候，他一定不会忘记去抽奖，因为抽奖的前提是做完发货 8 件事。通过一个月的实习培训，让新入职的发货员养成了"日事日毕，日清日结"的工作习惯，真正从理念落实到了行动，这就是"促行式评估"。

引导学员的行为转变

培训评估是对整个培训过程进行全面的考核与评价,是确保培训效果的非常重要的环节。然而,大多数的培训评估依然停留在反应和学习层面,主要聚焦在"满不满意"和"知不知道"的范畴,具有较大的局限性。

常见误区如下所述。

误区一:重视对受训员工的评估,忽略对培训项目的综合评估,把学员满意度作为培训评估的唯一方式。

误区二:关注培训现场评估效果,不重视学习成果和中长期应用。

培训评估不仅是满意度的评估,也可以通过以上一系列环节的设置,在一定程度上提升培训转化的效果,帮助学员实现行为和习惯的转变,进而帮助企业实现业绩的提升。如何通过有效的评估方法引导学员行为的转变?我总结出了 Replay(复盘)、Experience(心得)、Decision(决定)的 RED 方法。

1. Replay(复盘):回顾培训内容

关于今天的主题培训,你学习到了什么?讲师要求学员对当日课程内容进行回顾,并对任务进行阐述。例如,"请大家回忆当日所学内容,小组讨论并尽量多地呈现知识要点,要求中立、客观,各组学员在 10min 内独立思考,尽量多地写出当日培训内容。"复盘的意义非常重大,很多课程培训结束后,完全没有复盘,结果学员很快就遗忘了培训内容。

2. Experience(心得):对培训的感受

培训之后,你有什么感受?培训能对以后的业务/工作开展有什么启发?这种方法有助于学员将有限的精力投入到有针对性的理解和转化中,保证培训效果的最优化。在一定程度上加强了后期培训转化的行动动机，减弱了拖延特性的影响。

3. Decision（决定）：未来如何行动

你觉得哪个理念/工具/方法可以在工作中应用？你打算怎么做？在进行动机赋予和强化的基础上，制定行动方案——"我将如何学以致用"，以促进原有习惯的转变，并有效加强过程管控。

以赛促学：从考场到擂台

很多培训管理者在培训结束后都会发一份满意度调查问卷和一份试卷测试学员的学习情况。我把这种评估模式称作"考场"模式。虽然有高满意度和高分数，但由于没有反馈培训对学员的行为变化和组织业绩变化，"考场"模式越来越不受企业的认可。互联网时代，如何从"知"到"行"是培训落地的关键。因此，未来我们要以学员"行动"为核心做培训评估，我称之为"擂台"模式。何谓擂台？擂台就是以落地成果评估与认证为导向的竞技。比如，我们可以发起比赛活动，让每一次活动都是一场战役，在战役中点燃大家的激情，带动员工的工作节奏感，使其处于兴奋状态。你想要获得什么成果，就比赛什么内容。

在为企业培养内训师队伍时，我常常会设计一个比赛活动。比如，我曾给某大型制造业公司设计过一个内训师大赛——我是企业好讲师。以大赛为契机，激活内训师学习和教学的热情，促进其快速学习与产出。从前期宣传到各分公司报名，加上集团领导的高度重视，历时一个多月，共有100多名内训师报名参加比赛。比赛分为初赛、复赛和决赛3个阶段，参赛选手需要携带课件报名。整个赛程历时两个多月，从100多人参加初赛，到20人晋级复赛，最后只有10人晋级决赛。

在比赛的过程中，培训部门会对内训师进行技能培训，对内训师集训后，考核其3个方面的能力，见表12-2。

表12-2 内训师评估表

姓名		部门		现任职务	
学历		职称		评估日期	
授课主题		授课日期		课时	
评审项目	评审要素	权重	评分		
课程开发能力	内容适用	10分			
	结构严谨	10分			
	课件精美	10分			
课程讲授能力	仪容仪表	10分			
	表达清晰	10分			
	时间掌控	10分			
	现场控制	10分			
培训促动能力	异议处理	10分			
	行动计划	10分			
	学员互动	10分			
综合评估	优点				
	改进建议				
评估结果	最终得分：　分			评估人签名：	

注：评审分数在90及分以上为优秀，80~89分为良好，71~79分为合格，70分以下为较差。

1）课程开发能力。重点体现在课程结构、课程知识点设计、课程条理、课程比重等，体现的是讲师将经验提炼成课程的能力。

2）课程讲授能力。包括讲师的表达、感染力，课堂气氛的调动能力等，可以通过学员的课后满意度问卷来衡量。

3）培训促动能力。培训师都要具备辅导、教练学员的能力，包括解答学员问题，辅导学员制定行动计划等。

通过以赛促学，不仅实现了为内训师赋能的目标，而且完善和优化了一大批课程，并使之成了企业的内部认证课程。

除了注重评估，赛前的宣传造势也非常重要。在宣传方式上，我们采用"线上+线下"的方式，在公司大堂、电梯和食堂等显眼位置张贴海报、安放展架等，让大家及时了解比赛信息。同时，还可以通过邮件、微信公众号等线上形式同步发布消息，全方位地将比赛信息传递给每一位员工。除了猛烈地宣传造势之外，领导的参与和推动也至关重要。整个企业自上而下地推动大赛，起到了事半功倍的效果。在选手招募、大赛启动、初赛、复赛和决赛等每个阶段的关键节点邀请企业高层领导做赛前动员讲话，并担任比赛评委等，可以充分体现企业领导的参与和重视，能在很大程度上激发选手们的参与热情和动力。

神秘客：让评估拥有行动势能

培训评估的目的不在于评估出三六九等，更重要的是，通过评估的方式促使学员行动，让培训内容落地。那么，如何让培训评估促使学员行动？培训评估要促使学员行动，就必须要拥有行动势能。《孙子兵法》有云："故善战者，求之于势，不责于人。"意思就是善于指挥作战的人，会创造并利用有利的态势取得胜利,而不苛求和责备下属。可见势能对于培训评估非常重要。

那么到底什么是"势"呢?《孙子兵法》中有:"转圆石于千仞之山者,势也!"石头从千仞之高山上滚下,这就是势的作用。"千仞之山"就是"圆石"的势能,如图12-2所示。

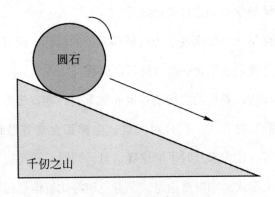

图 12-2　转圆石于千仞之山

神秘客就是一种拥有"势能"的培训评估方法。神秘客是由经过严格培训的调查员,在规定或指定的时间里扮成顾客,对事先设计的一系列问题逐一进行评估或评定的一种培训效果评估方式。由于被检查或需要被评定的对象事先无法识别或确认神秘客的身份,故该调查能真实、准确地反映客观存在的实际问题和培训落地的效果。

神秘客的评估方法最早是由麦当劳、诺基亚、飞利浦等国际公司引进国内的。麦当劳在全世界主要的市场都有被称为神秘客的项目,即影子顾客,中国也有相同的项目在进行之中。这项活动旨在从普通顾客的角度来考核麦当劳餐厅的食品品质、清洁度以及服务素质的整体表现。麦当劳还表示,神秘客项目帮助麦当劳管理者和餐厅经理设立对表现杰出员工的鼓励及奖励机制。一些市场的反馈显示这些奖励机制对于鼓舞员工士气及对

第12章 促行式评估

员工的工作表现非常有益。由于影子顾客的来去没有时间规律,这就使连锁卖场的经理、雇员时时感受到某种压力,不敢有丝毫懈怠,从而时刻保持饱满的工作状态,提高了员工的责任心和服务质量。

神秘客的方式之所以能被企业的管理者所采用,原因就是神秘客的中立身份,在购买商品和消费服务时,神秘客同时以顾客和管理者的两种眼光观察服务表现,所观察到的是服务人员无意识的表现。从心理和行为学角度看,人在无意识时的表现是最真实的。由于被评估者并不知道哪一位是神秘客,所以他们只能每时每刻都做好准备。这就像一个石头悬在山坡,什么时候滚下来、滚到哪里,人们并不知道,因此评估拥有了势能,这样的评估更容易促使员工行为的转变。中国电信下属的许多分公司都聘请在校学生、下岗职工、政府工作人员和企事业单位职工作为神秘客来监督窗口服务。方式为询问营业员简短的问题、用半小时观察营业员的整体表现,然后填写有关监测问卷,按月度整理后反馈给有关部门。有关部门据此对营业员进行考核,决定是否继续予以聘任。短时间内,营业人员的服务态度有了极大改观,杜绝了过去应付检查的现象。

我曾给一家连锁医疗机构设计了神秘客培训评估机制。在医院新入职的员工中,招募体验者充当神秘客,以患者的身份体验整个就医流程,对就医的各个环节进行"找茬"。他们混在庞大的人流中,像普通患者那样预约、拿号、排队、就诊、拿药。这时的他们不是医生,而是患者,只是多了一项任务,即观察整个就医流程中的各个环节,找出不足之处。体验者从医院新入职的员工中招募。体验前,我们会对神秘客进行培训,提醒其可以从哪些方面发现问题。神秘客以病人的身份体验整个就诊流程,从5个测评维度对就医各个环节进行评价,并列出自己遇到的问题,以文字和图片的形式呈现自己的第一视觉效果及感受,见表12-3。

表 12-3　神秘客评估表

科室：_____　评估人：_____　时间：_____

项目	维度	评估	问题点
仪容仪表	医生和护士的仪容仪表是否符合要求，个人卫生是否做到了干净整洁？	□优　□良　□中　□差	
工作纪律	工作纪律如何，有没有存在态度散漫、疏忽大意？	□优　□良　□中　□差	
服务态度	服务态度是否良好，有没有存在言语失当、态度恶劣等行为？	□优　□良　□中　□差	
操作规范	医护人员的操作是否合乎规范？	□优　□良　□中　□差	
环境标识	医院环境是否清洁，院内标识、流程指引有没有做到一目了然？	□优　□良　□中　□差	

而培训部门将根据神秘客提交的评估表来找出其中需要改进的项目，及时反馈到相关科室及人员进行整改，不断提升医院服务能力和水平，提高患者的满意度。医务工作人员长期处在同样的环境中，可能会对一些细节习以为常，而新员工从患者的角度去看问题，结合自身医务工作者的专业性，可以更好地发现盲点和问题。比如，有时候根据医嘱需进行多项检查，由于医院地方大，患者对各个科室的具体位置不了解，导致耗费了大量的时间。医院新员工充当神秘客还有一个好处：从患者的角度体验就诊流程，能帮助员工在以后的工作中换位思考，更好地为患者提供服务，建立和谐的医患关系。

数字化思维：培训落地的关键技能

培训管理者在培训全过程管理中要建立数字化思维，即培训数字化。

第 12 章 促行式评估

培训数字化简单概括就是企业培训过程管理中，借助数字与智能技术，依靠数据发现问题、分析问题、解决问题和跟踪问题的培训管理方式。数字化思维对于培训从业者来说，是一项非常重要的关键技能。在传统的培训中，培训管理者往往缺乏数字化思维，比如，在培训需求沟通中，往往简单地根据员工的需求来设立培训课题，没有识别出贴合业务的"关键指标"，导致培训内容"隔靴搔痒"；制定培训计划时，忽略"关键节点"，缺乏节点管控，导致培训执行"虎头蛇尾"；在培训实施中，没有对课程核心内容进行"关键清单"梳理，导致培训内容"天马行空"；在培训评估时，忽视对培训结果的"关键反馈"，或者未及时反馈，导致培训评估"流于形式"未来，我们要在培训过程管理中建立数字化思维。在培训需求沟通时，建立关键指标；在培训计划制定时，建立关键节点；在培训内容实施时，建立关键清单；在培训内容评估时，建立关键反馈。培训数字化管理 4K 模型如图 12-3 所示。

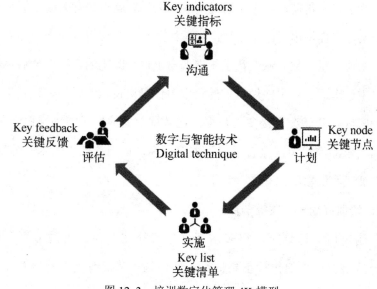

图 12-3　培训数字化管理 4K 模型

1. 需求沟通——关键指标

在培训需求的沟通中，很多培训管理者只是简单地采用问卷的形式，根据员工的需求来设计培训课题。这样的方式导出的课题往往与业务的贴合度不高，导致培训的针对性不强。比如，在一次问卷调查中，大部分员工选择需要"沟通技巧"的课程，但是培训后发现，对业务并没有明显的促进作用。要想让培训促进业务发展，我们需要在培训需求沟通前，识别出业务的关键指标。比如，我曾经给某医院做过这样一个培训项目，由于国家医保基金紧张，各地医保局出台了一系列医保基金的监管措施，其中一项就是对医院限制性药品的管控，即医保局规定一些类型的药品在限定条件下才予以报销，不符合限定条件不予报销，如果违规，医院和医生要接受处罚。于是，该医院梳理了医保目录中的限制性药品，以及同类非限制性药品，要求对医生进行培训。医院以往的培训一般是采用"授课+考试"的模式，结果流于形式，效果并不理想。各科室主任汇报的时候都说正在认真学习和贯彻，但真实情况到底怎么样？就需要有关键指标来衡量了。于是，我提炼出了两个指标：限制性药品日均使用量和同类非限制性药品日均使用量。然后从运营系统中调出了每个医生的数据，然后再和每个科室主任沟通。当那些做得差的科室主任仍说自己的科室在认真学习和贯彻的时候，我就会直接拿出数据，在数据前面他们只能"哑口无言"。在培训需求的沟通中，只有掌握了关键指标，培训才能"入木三分"，否则就会被表面现象所蒙蔽。

2. 培训计划——关键节点

在制定培训计划时，很多培训管理者往往忽视"关键节点"的管控，导致培训项目的执行不到位。培训计划"关键节点"的设置非常重要，比如，在对新进医生的入职培训设计中，我设计了 4 个管控节点：

入职当天线上教学、入职 1~2 个月集训、入职 3 个月内导师带教、转正前的认证考核，如图 12-4 所示。

时间	入职当天	入职1~2个月	入职3个月内	转正前
阶段	线上教学	集训	导师带教	认证考核
内容	√集团简介 √医院文化 √管理制度	√职业素养 √基本常识 √运营政策 √医保政策	√岗位职责 √工作流程 √工作技能	√职业素养 √基本常识 √运营政策 √医保政策
方式	E-learuing	面授	带教	闭卷考试
地点	下属医院	下属医院	下属医院	集团总部
部门	医院人力资源处	医院人力资源处	医院人力资源处	集团培训中心

图 12-4 新进医生入职培训

3. 培训实施——关键清单

在培训实施中，很多培训师喜欢天马行空地授课，内容过于宽泛，导致学员对学习内容的印象不深刻，培训内容的落地更无从谈起。培训的有效实施需要建立"关键清单"，把学员需要掌握的知识点变成清单，逐条进行落实。比如，对于医保限制性药品，我将内容梳理成可以装进口袋的清单式手册——《应知应会》，每个医生人手一本，可以随时查阅。

4. 效果评估——关键反馈

在培训评估中，培训管理者往往把评估当目的，大张旗鼓地做完评估后，对于评估结果的运用却不到位。培训评估只是培训落地的手段，而非目的。培训评估结果要及时反馈，进一步促使学员掌握知识点。比如，在给医生做完医保限制性药品培训后，如何评估培训效果呢？医院以前的做法是，把医生集中到一个教室进行考试，题目全是填空题和简答题。这样的结果是，要么填不出来，出现很多空白；要么相互传答案，个个考满分，考试就失去了意义。

于是，我创新了一种新的评估模式：借助"问卷星"平台，通过"扫码"的形式，在手机上进行测试。为了防止医生们抄袭，我编了 20 道选择题，题目中设置了一些"陷阱"。只有真正掌握了培训内容才能发现这些"陷阱"。这样一来，医生不用离开科室，只需在工作间歇抽出 20min 就能完成测试。这大大地减轻了医生们的抵触情绪。同时，医生填完后提交，马上就能看到分数和答案，可以及时温习做错的题目（相当于再次做了一次培训）。科室所有的人填完后，还能看到分数排名。我们对排名第一的人现场奖励一个学习之星勋章。这样的培训评估方式瞬间被"引爆"，受到了医生们的广泛好评，也促使医保限制性药品培训内容得到落地执行。

第13章 培训机制游戏化

游戏化不等于娱乐化

很多培训师为了让学员满意,将培训设计得丰富有趣。时不时搞个游戏或表演个节目,结果一场培训变成了娱乐秀,学员在欢声笑语中度过,老师也如愿以偿地获得了好评。但是,学员却并没有学到什么有价值的内容,整个培训就有些舍本逐末了。互联网时代,我们很多人都提倡学习游戏化,这当然是没错的。但是,我们要警惕,不能把"游戏化"理解成了"娱乐化"。学习娱乐化,是指用轻松的娱乐节目替代枯燥的培训内容,从而达到活跃课堂气氛的目的。这种模式以活跃学习气氛为导向,学员的主要精力更多地被娱乐活动牵引,而忽略了培训内容,容易偏离学习价值。学习游戏化,是将游戏的机制融入学习制度和规则中,从而调动学员的积极性。说简单点就是,用游戏的机制和工具,让枯燥无味、难以坚持的学习,变得像游戏一样充满乐趣,容易坚持。成功的游戏化机制必须具备:目标、反馈和奖励。

1. 目标

学员在学习的过程中需要有明确的目标。比如，让学员获得多少积分，解锁多少个徽章，在某排行榜达到多少名等。目标应该是渐进式的，过于宏大、难以达成的目标容易给学员带来挫败感。大目标需要拆解为渐进式的小目标，一步一步引导学员学习。同时，小目标最好可以形成难度上的递增，形成阶梯形挑战，维持学员的斗志。目标激发着学员的学习行为，是用来引导学员学习行为的关键。

2. 反馈

对于目标进展的反馈和呈现是游戏化培训落地的基石。常用到的是积分、徽章和排行。用积分来实现对有效学习行为的积累，用徽章来实现对学习里程碑的确认，用排行来实现对学员之中相对位置的标识。目标进展是量化的，每个学习行为需要有明确、具体的对应分值；目标进展也是可视化的，能够让学员直观地看到自己的学习进程，可以是在一个地图上的位移，也可以是到下一站的距离，反馈可以让学员对于整个学习过程拥有掌控感。

3. 奖励

在学员达成目标后，需要有奖励作为激励和认可。奖励需要有即时性，强度也要与目标的实现难度相匹配，否则与期望的落差会让学员产生失望感，形成负面情绪。

很多培训活动学员的积极性比较低，每当老师提出问题时，全场都是"低头一族"、鸦雀无声。如何让学员积极地配合？如何让学员积极地参与学习？我会刻意在培训中加入游戏机制。

1）在培训开始之前，把学员分成 8~10 个小组，每个小组用 15min 选出组长，并讨论出小组的队名、口号，并在一张大白纸上画出自己的队标。

2）每个小组创意出团队的队形，并上台展示，喊出团队口号。

3）宣布整个培训期间的团队比拼规则，见表 13-1。

表 13-1　比拼规则

比 拼 项 目	考 核 标 准
考勤	① 团队中有 1 人迟到早退，小组-5 分 ② 团队中有 1 人无故缺勤，小组-5 分
答题	① 抢答问题（正确／相符），小组+10 分 ② 抢答问题（错误／不符），小组+5 分
参与活动	① 参与竞技活动，胜出，小组+20 分 ② 参与竞技活动，小组+5 分

通过加入游戏化机制，我惊喜地发现，原本很容易令听者瞌睡、讲者疲惫的时长 3h 的培训变得烧脑十足、趣味十足，使每一个人都精神十足。

游戏化培训设计 4 步曲

对于培训游戏化，很多老师喜欢先收集各种新奇有趣的游戏，然后植入课程中，但这一做法稍有不慎便会本末倒置。培训游戏化并不是把课堂变成做游戏的娱乐场所，而是借鉴游戏的机制，让学习者能够积极地投入培训中来。如何让培训游戏化？基于实践的总结，我把培训游戏化的过程分为 4 个步骤：内容任务化、任务进展化、进展评比化和评比回顾化。

1. 内容任务化

传统教学一般是以讲授的形式向学员传授知识和信息，比如，给学员讲《5S 管理》，传统教学一般采用如下形式。

讲师："大家好！今天我来介绍一下 5S 管理，整理、整顿、清扫……"

但是，如果加入了游戏化学习理念，效果就会不一样。游戏化教学一般会采用如下形式。

讲师："大家好！今天我们先来玩"闯关大作战"，一共 5 个关卡，通关了才能去到下一个站点。最终我们按完成时间进行排名！Let's go！"

"关卡一任务：整理，请在 1 分钟内将抽屉里的物品分类放置！"

"关卡二任务：整顿，……"

这样一来，纯理论性的内容就变成了一项项小任务。

2. 任务进展化

将培训内容任务化之后，在任务清楚的基础上，如何将任务转化为游戏？具体可通过设定规则来完成。设定规则是指在任务的基础上设定游戏规则，明确团队和个人的角色及相互责任，并发布明确且可操作的游戏指令。通过可视化的量化指标来反馈任务的进展，例如，用积分来量化任务的进程。

比如，将"5S 管理"理论的每一个步骤都变成培训现场的任务之后，每个小组要完成每一步的任务。可以通过积分来评估完成任务的结果，比如，准确完成每一个子任务都可以加 10 分。也可以用其他的计量方式，只要能及时地反馈任务的进程即可。比如，我把开发客户的流程分为 5 个子任务，完成一个任务加一颗星，见表 13-2。

表 13-2　客户星级

客户开发 5 步骤	陌生客户	意向客户	成交客户	忠诚客户	标杆客户
动作	让客户信任个人	让客户信任产品	让客户信任模式	让客户信任公司	让客户信任平台
星级	☆	☆☆	☆☆☆	☆☆☆☆	☆☆☆☆☆

3. 进展评比化

将任务的进展量化并可视化之后，接下来就要进行及时反馈和评比，以增加趣味性。

4. 评比回顾化

通过对评比结果的回顾，帮助学员跳出游戏角色，关注参加培训的最初目标。通过引领学员回顾过程中展现的阶段性成果的方式，再次梳理任务线。

学习积分制度

学习积分制度是通过积分的形式来对学员参与的培训进行计量，它是一种激励员工参与培训的有效手段。有了积分，就有了可衡量的指标。积分要与奖励挂钩，以此来提高学员的积极性。比如，京东推出的"京东年级"。现在大多数人的市场价值主要是通过工作年限来衡量的，但工作年限又是一个不靠谱的概念。于是，京东就推出一个"京东年级"的概念，它可以体现员工的学习和成长。员工如果想升级，需要获得足够多的积分，积分主要来自3块：一是完成学习任务的积分，参加培训班和线上课程并通过考试来拿到学习积分；二是做出贡献送的积分，例如，你处理这个表格很快，你用手机拍摄成视频上传到京东TV，有50个人点赞，就可以拿到积分；三是完成任务获得的积分，在工作中，如果你参与了部门级任务或公司级任务，并表现良好，也可以获得积分。

我曾给某连锁蛋糕店导入学分管理制度，即员工每次培训进行学分登记。门店不再记录员工的培训考勤，统一由集团培训部记录每位员工的培训时间、培训成绩及年终培训总学分。培训部根据员工的不同星级及岗位设计培训内容，如果一个年度内参加培训总学分累计少于该星级或该岗位平均数的80%，该员工将被降星级。员工参加培训和完成学分的情况作为员工年度培训考核、获得晋级资格的必备条件之一。

门店员工参加培训的情况也纳入每月对门店星级的检查内容中，有50%及以上的员工未能参加当次培训的门店当月星级减 10 分，该门店店长或助理店长给予通报批评。培训考核具体细则如下。

1）培训时间：规定每接受 1h 培训加 1 分，迟到（或早退）15min 以上减 1 分，迟到（或早退）40min 减 2 分。

2）培训成绩：培训结束后，将统一考试确定当次培训成绩。90 分以上（含 90 分）为优秀，加 2 分；80 分以上（含 80 分）为良好，加 1 分；79 分以下（含 79 分）为合格，不计学分。

3）年终培训总学分考核：按学分确定培训费标准，每 1 分为 5 元，每年度培训部统计好总学分，据此发放培训费。

4）培训请假：未上课且不请假者按旷课处理，门店星级当月扣 10 分。

5）培训考试为闭卷考试，员工必须严格遵守考场纪律，不得随意走动，严禁使用手机，不得抄袭他人答卷，违者取消考试资格，成绩以 0 分计。

每次培训都会请老师准备好试卷，只要员工跟着老师的节奏走，认真听讲，就能取得优异的成绩，大家既能拿积分又能拿奖金，何乐而不为？实行学习积分制度后，员工请假现象有所减少，迟到早退现象明显减少，并且开始逐渐地关注积分，积极地参加培训。

赫基学院：利用 T-Coin 闯关打怪

游戏化思维在赫基学院学习运营的过程中得到了充分体现。每一个学习产品、项目和任务，无论大小，都有梯次进阶的挑战性。就像游戏"打

第 13 章 培训机制游戏化

怪"一样,学员要想顺利毕业,就必须通过一道道关卡,直至完全通关。结合每个学习项目本身的特性,赫基学院精心设计了直指学习目标的游戏环节,如结构化思维训练营中的天使游戏和吊打游戏。避免了无聊、强制性的指派任务,同时暗含团队互助的氛围。不仅个人要完成任务,还需要促进团队一起完成。

结构化思维训练营属于自我管理类学习项目,目的是帮助学员提升逻辑思维能力。学院创新了训练营玩法,首先是一轮营销,让有意愿的员工自行报名。接着,以在规定时间内完成作业并打卡的方式,淘汰一批"凑热闹"的学员。这样一方面可以提高后期转化率;另一方面,学员有所付出后会更珍惜学习机会,更愿意全身心投入到学习中。

完成作业之后,学员被分至各小组,在小组竞争中不断提升。学院设计了天使游戏,如秘密安排 1 号学员作为 5 号学员的天使,任务就是保证其保护的对象能完成每项作业、顺利毕业。任务完成可获得相应奖励。这样一来,可以释放培训管理方面的很多工作。天使会提醒对方完成各项任务。为了保密身份,天使会同时提醒好多人,从而形成良好的团队学习氛围。

结构化思维训练营的目的是激发学员思考,使其更具逻辑思维。因此,第一道作业就是让学员用结构化思维描述自己的工作。这份作业有助于学员应用、巩固所学内容,也加深了对彼此工作的了解。学院将课程的知识点提炼出来,设计成"十拳组合",通过线上直播展开"吊打"。随机选择某位同学的作业,让其他同学讨论是否该"出拳",知识点若得到恰当应用,则不出拳;否则,则可以出拳。这样一来,大家就会积极参与讨论,每一拳到底该打不该打,理由是什么。用这样的方式可以使每个知识点都深刻在学员的脑海中。

同时,赫基学院尝试利用 T-Coin 作为串联赫基各学习产品以及平台运营的核心元素，以"消费行为"刺激"学习行为"的产生。T-Coin 不仅存在于学习层面，学院正尝试利用 T-Coin 打通组织内的其他资源。比如，将一些品牌的赠品纳入到积分商城中，可以用 T-Coin 换取；或是将某外教的一对一辅导作为商品，吸引学员购买。

此外，赫基学院每月会为高管提供一定额度的 T-Coin，用于打赏在 T 学堂上活跃度高，或是产出优质内容的员工。对于本部门表现优秀的同事，部门负责人也可以打赏 T-Coin。领导者打赏可以引发员工的思考和讨论：为什么会奖励 T-Coin？它到底有什么作用？从而产生口口相传的效应。

增量激励思维

游戏化学习的"通关"机制其实是一种"增量激励思维"。什么是"增量激励思维"？比如，在培训管理中，我们如何保证培训的参与人数？很多企业的做法是"不参加的人员扣×××元""不参加的人员扣×%绩效""不参加的人不能评年度优秀员工"等，这是做减法的方式。好比顾客要 1kg 瓜子，店主先在秤上放超过 1kg 的瓜子，然后一点一点往下减。同样要 1kg 瓜子，"增量激励思维"会先在秤上放少于 1kg 的瓜子，然后一点一点往上加。哪种方式给人感觉更好呢？当然是后者。

我曾在一家企业做过测试，该公司每年年底有涨薪的惯例，部门管理层的涨薪目标是 500 元/月。我分别找了两组人，用两种不同的方式进行沟通，结果反应相差很大。我对第一组人说："明年每个人每月工资增加 500 元，但每月有 4 堂培训课，每次缺席扣 50 元。"结果，大家意见非常大。有人抱怨:"工资是我们应得的,为什么还要参加培训,还要扣我们的钱?"我对第二组说:"明年每个人每月工资增加 300 元,但每月有 4 堂培训课,每次参加的人奖励 50 元。"结果很多人说:"哇!这么好,学习还有奖金?"

"增量激励思维"能够激发员工的积极性和斗志。在给企业做咨询顾问的时候,我常用"增量激励思维"改变企业的激励模式,从而促进员工的学习成长、行为改变,提升企业业绩。比如,给销售人员绩效提成的方式有 4 种:阶梯式、恒定比例式、递增式和递减式。其中,第 3 种方式就是"增量激励思维"方式。

1. 阶梯式

阶梯式的绩效提成方式主要目的是将目标分成层级,如图 13-1 所示。假设员工 A 完成 100 万元以内业绩目标,提成是 10 万元;完成业绩目标大于 100 万元,小于 200 万元,提成是 20 万元等。

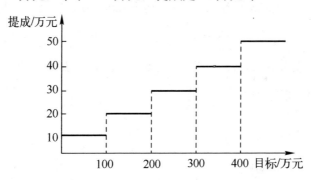

图 13-1　阶梯式绩效提成

2. 恒定比例式

恒定比例式绩效提成为:销售业绩乘以提成系数,如图 13-2 所示。假设提成系数为 10%,销售业绩为 100 万元,则提成为 10 万元;销售业绩为150万元，提成为15万元；销售业绩为200万元，提成为20万元；销售业绩为300万元，提成为30万元等。

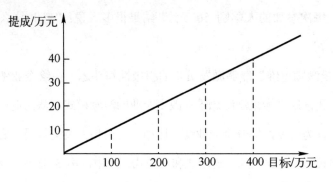

图13-2 恒定比例绩效提成

3. 递增式

递增式绩效提成为：销售业绩乘以提成系数，但是超过目标值部分的提成系数更大，如图13-3所示。假设业绩目标定为200万元，小于等于200万元的部分提成系数为10%，高于200万元的部分，提成系数为20%，那么当销售业绩为200万元时，提成为20万元；当销售业绩为300万元时，提成为40万元。这种提成方式激励员工去挑战增量目标，增量越多，获得回报越大。

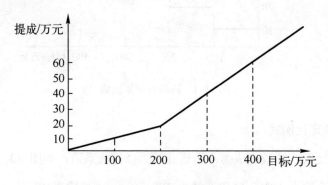

图13-3 递增式绩效提成

4. 递减式

递减式绩效提成为：销售业绩乘以提成系数，但是超过目标值部分的提成系数更小，如图 13-4 所示。假设业绩目标定为 200 万元，小于等于 200 万元的部分提成系数为 10%，高于 200 万元的部分，提成系数为 5%，那么当销售业绩为 200 万元时，提成为 20 万元；当销售业绩为 300 万元时，提成为 25 万元。这种提成方式主要是为了维持团队工资水平的相对稳定，不会出现很大的差距。

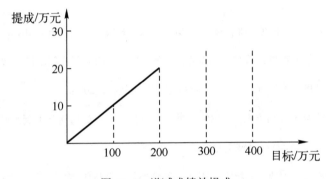

图 13-4　递减式绩效提成

在 4 种绩效激励方案中，第 3 种是充分激励员工去冲刺增量的方式。能力优秀的人，在这种方式下，获得的会更多；能力平庸的人，在这种激励下，获得的会相对较少。

参 考 文 献

[1] 赵大伟. 互联网思维独孤九剑[M]. 北京：机械工业出版社，2014.

[2] 迈克尔·霍恩，希瑟·斯泰克. 混合式学习：用颠覆式创新推动教育革命[M]. 聂风华，徐铁英，译. 北京：机械工业出版社，2015.

[3] 安德斯·艾利克森. 罗伯特·普尔. 刻意练习：如何从新手到大师[M]. 王正林，译. 北京：机械工业出版社，2016.

[4] 拉斯洛·博克. 重新定义团队：谷歌如何工作[M]. 宋伟，译. 北京：中信出版集团，2015.

[5] 邹新华. 价值营销：以客户价值实现为基准的营销系统[M]. 北京：企业管理出版社，2018.

[6] 王建华. 互联网时代盈利模式[M]. 北京：企业管理出版社，2016.

[7] 萨尔曼·可汗. 翻转课堂的可汗学院[M]. 刘娇，译. 杭州：浙江人民出版社，2014.

[8] 罗伊·波洛克. 将培训转化为商业结果[M]. 学习项目与版权课程研究院，译. 北京：电子工业出版社，2017.

[9] 王建华. 洋葱圈模式：找到你的"财富抓手"[J]. 企业管理，2013(3)：72-73.

[10] 王建华. 用好绩效的杠杆[J]. 企业管理，2013(3)：50-51.

[11] 王建华. 产品盈利模式创新[J]. 企业管理，2013(5)：74-75.

[12] 王建华. "配电盘"模式造就新财富[J]. 企业管理，2013(6)：72-73.

[13] 王建华. 渠道倍增模式：寻找获利的"鱼塘"[J]. 企业管理，2013(7)：66-67.

[14] 王建华. 从经营会计中透视企业的盈利哲学[J]. 企业管理，2013(9)：80-81.

[15] 王建华. 品牌营销十二法[J]. 企业管理，2013(11)：6-15.

[16] 王建华. 利润的雪球：中国本土市场30种盈利模式[M]. 北京：企业管理出版社，2013.

[17] 王建华. 品牌密码：首席品牌官的12个秘密[M]. 北京：企业管理出版社，2015.